安徽财经大学著作出版基金资助

我国社会保障制度的劳动力市场效应研究

WOGUO SHEHUI BAOZHANG ZHIDU DE
LAODONGLI SHICHANG XIAOYING YANJIU

我国社会保障制度的
劳动力市场效应研究

WOGUO SHEHUI BAOZHANG ZHIDU DE
LAODONGLI SHICHANG XIAOYING YANJIU

姜丽美 著

中国财经出版传媒集团

经济科学出版社
Economic Science Press

图书在版编目（CIP）数据

我国社会保障制度的劳动力市场效应研究/姜丽美著．

—北京：经济科学出版社，2018.3

ISBN 978 - 7 - 5141 - 9191 - 2

Ⅰ．①我⋯ Ⅱ．①姜⋯ Ⅲ．①社会保障制度 - 影响 - 劳动力市场 - 研究 - 中国 Ⅳ．①F249.212

中国版本图书馆 CIP 数据核字（2018）第 070800 号

责任编辑：李 雪
责任校对：杨晓莹
责任印制：邱 天

我国社会保障制度的劳动力市场效应研究

姜丽美 著

经济科学出版社出版、发行 新华书店经销

社址：北京市海淀区阜成路甲 28 号 邮编：100142

总编部电话：010 - 88191217 发行部电话：010 - 88191522

网址：www. esp. com. cn

电子邮件：esp@ esp. com. cn

天猫网店：经济科学出版社旗舰店

网址：http：//jjkxcbs. tmall. com

固安华明印业有限公司印装

710 × 1000 16 开 13.5 印张 170000 字

2018 年 4 月第 1 版 2018 年 4 月第 1 次印刷

ISBN 978 - 7 - 5141 - 9191 - 2 定价：50.00 元

（图书出现印装问题，本社负责调换。电话：010 - 88191510）

（版权所有 侵权必究 举报电话：010 - 88191586

电子邮箱：dbts@ esp. com. cn）

前　　言

我国社会保障制度自实施以来，在维护社会稳定、推进经济体制改革深化等方面发挥了巨大的作用。但近年来，受人口老龄化、劳动力市场转型和城镇化等外部环境的影响，以及制度自身的设计缺陷，社会保障制度暴露出诸多影响劳动力市场良性运行和发展的问题，损害了其赖以运行和发展的经济基础。目前国内的研究多限于针对社会保障自身问题的探讨与解决，忽略了其与劳动力市场政策间的相互关系，使得最终的建议对劳动力市场的积极影响不足，甚至产生消极作用。

本书运用劳动经济学相关理论模型对社会保障和劳动力市场的关系进行了系统分析，笔者认为在市场经济条件下，社会保障与劳动力市场之间的关系是相互联系、相互影响甚至是相互制约的，两者不可分割。设计完善的社会保障制度能够促进劳动力市场的良性运行和发展，而劳动力市场的健康发展又将促进社会保障制度的建设，形成两者良性循环发展的态势，反之亦然。

目前，我国社会保障制度存在的诸如"碎片化"、统筹层次低、覆盖面偏窄、待遇间的不公平、缴费率过高、权利与义务不对称和法制不健全等问题均对劳动力市场产生了较为严重的扭曲效应。而我国劳动力市场呈现的诸多特点及发展趋势，如失业严重、劳动力素质偏低、劳动力流动频繁、就业市场化和就业方式多元化、劳动力市场多元分割、劳资矛盾突出，以及收入分配差距过大等也对现行社会保障制度的改革与完善提出了更高的要求。

此外，国外社会保障制度的发展历程及经验表明：社会福利和劳动力市场是相互交织和依存的。社会保障制度既是再分配领域的问题，也是经济生产领域的问题，是培育人力资本和社会资本的有效途径；社会保障制度的设计不得损害劳动力市场的良性运行和发展，必须重视社会保障对劳动力市场的积极作用，必须明确国家、社会和个人三者的责权关系；考虑到社会保障对劳动力市场的影响，社会保障制度是必须的，但同时，社会保障水平也应适度。

基于上述分析，笔者认为：我国的社会保障与劳动力市场长期处于较为割裂的状态，没有较好地进行互动，更未达到良性互动。这不仅影响了社会保障制度自身的可持续发展，同时也不利于劳动力市场的建设和就业问题的解决。因此，必须对目前的社会保障制度进行改革。须注意的是，在改革社会保障制度时，必须深入理解社会保障和劳动力市场内在的、有机的联系，以探寻较小的劳动力市场扭曲效应的社会保障制度改革方向，避免最终出现劳动力市场和社会保障的双重危机。

结合我国国情与国外福利制度的发展经验，笔者尝试着提出我国社会保障制度改革与完善的相关基本思路：不断扩展社会保障的覆盖面，促成劳动力市场的统一；保障水平要适度，避免对就业产生不利影响；提高社会保障统筹层次，为劳动力流动和就业量的增加创造条件；避免社会保障制度碎片化，努力实现社会保障基本制度一体化；明确社会保障各责任主体，合理确定各方缴费负担；强化社会保障各主要项目与就业的关联性；优化社会保障管理以适应劳动力的频繁流动和就业方式的多元化；加强社会保障法制建设，并协调与劳动力方面的法律关系。

目　　录

绪　言

1.1　选题背景及研究意义

1.1.1　选题背景

1）我国就业形势影响了社会保障制度的经济基础

我国是一个人口大国，劳动力资源十分丰富。近年来，虽然人口自然增长率呈逐渐下降趋势，但受人口基数、人口年龄结构及社会经济发展进程等诸多因素的影响，我国劳动年龄人口数量仍将呈上升趋势。因此，在当前和未来一段时期，我国劳动年龄人口占总人口的比重仍将维持在较高水平。而与此同时，近年来我国经济虽然保持着持续增长的态势，但就业增长率和就业弹性系数总体却呈下降趋势（见表1-1）。

表 1-1　我国就业增长率、GDP 增长率和就业弹性系数（1992～2016 年）

年份	年末就业人员总数（万人）	年就业增长率（%）	GDP 增长率（%）	就业弹性系数
1992	59390	—	14.2	—
1993	60590	2.021	14	0.144
1994	61469	1.451	13.1	0.111
1995	68910	12.105	10.9	1.110
1996	68850	-0.087	10	-0.009
1997	69600	1.089	9.3	0.117
1998	69957	0.513	7.8	0.066
1999	70586	0.899	7.6	0.118
2000	71150	0.799	8.4	0.095
2001	73025	2.635	8.3	0.317
2002	73740	0.979	9.1	0.108
2003	74432	0.938	10.0	0.094
2004	75200	1.032	10.1	0.102
2005	75825	6.57	10.2	0.644
2010	76105	6.964	10.4	0.670
2011	76420	0.414	9.3	0.045
2012	76704	0.372	7.7	0.048
2013	76977	0.356	7.7	0.046
2014	77253	0.359	7.4	0.049
2015	77451	0.256	6.9	0.037
2016	77603	0.196	6.7	0.029

注：①年就业增长率＝（年末就业人员总数－年初就业人员总数）/年初就业人员总数。
②就业弹性系数（k）＝就业增长率/经济增长率。
数据来源：年末就业人员总数来源于历年社会保障事业发展统计公报（1997 年以前称为《劳动事业发展统计公报》；1998～2007 年称为《劳动和社会保障事业发展统计公报》；2008 年以后称为《人力资源和社会保障事业发展统计公报》）；GDP 数据来源于国家统计数据库 http：//219.235.129.58/search.do？query＝国内生产总值 &collId＝1，2，3；其他数据为笔者计算得出。

由表 1 - 1 可以看出，自 20 世纪 90 年代以来，我国经济增长虽然波动较大，但基本一直维持在较高的水平上运行，尤其在 20 世纪 90 年代初期，经济增长率连续几年保持两位数的增长。经济增长为社会提供了大量的就业机会，但随着近几年来我国经济增长速度逐步变缓，经济增长对就业的拉动作用也逐渐减小，就业增长率呈现出下降趋势，就业弹性也呈现出不断降低的趋势，尤其是 2010 年以来，就业弹性下降趋势非常明显，从 2010 年的 0.670 下降到 2016 年的 0.029。由此可见，虽然高经济增长带动就业总量也在增长，但就业总体压力却并没有得到缓解，这进一步影响了社会保障制度的经济基础。

2）我国现行社会保障制度对劳动力市场产生消极影响

劳动就业是社会保障资金的主要来源，因此劳动力市场的良性运行和发展对社会保障制度的可持续发展至关重要。这就要求社会保障制度不得损害劳动力市场的运行和发展，必须与劳动力市场协调配合，实现协同发展。但在我国目前整体就业形势已较严峻的情况下，我国现行社会保障制度设计中存在的诸多问题，如社会保险费缴费负担过重、社会统筹层次偏低、社会保险关系无法随着劳动者流动而随之转移接续等，这些问题不仅影响了社会保障制度自身的良好运行和发展，也对劳动力市场的劳动力需求增加、劳动力供给结构优化、劳动力流动、就业方式的转变、劳动关系和谐等方面产生了诸多不利影响。

3）我国劳动力市场的变化对社会保障制度的设计提出了挑战

随着我国市场经济的发展，我国的劳动工作从原来计划经济时期的"集中统一的计划管理"向市场经济体制下的"劳动者自主择业、市场调节就业和政府促进就业"转变，劳动力市场也相应地得以恢复和发展。尤其是 1994 年《中华人民共和国劳动法》的颁布实施，标志着全国范围内的劳动市场正式建立。经过近十几年的发展，我国的劳动力市场已形成自身的诸多特点，这对我国的社会保障制度形成了诸多挑战。例如，就业方式的多元化、"二元劳动力市场"的存在、劳动力供给素质偏低、劳动力流动频率加快等对现行社会保障制度的设计提出了一定的挑战。

4）全球社会保障理念的转变对中国社会保障制度产生影响

社会保障制度对一国经济和社会的影响至关重要。第二次世界大战后，西方各国十分重视社会保障事业，纷纷建成了所谓的"福利国家"。但自20世纪70年代末期以来，西方福利国家不同程度面临福利危机，为适应经济全球化、知识经济的发展及劳动力市场的变化，许多国家纷纷对本国的社会保障制度进行了改革，社会保障的理念与模式也产生了相应变化。"从福利到工作"和"工作福利"等理念被关注。①

但近年来，许多学者开始意识到仅仅实施"工作福利"是狭隘、片面的。这主要源于经济全球化的进程和知识经济的发展促使社会保障的外部环境不断发生变化。经济全球化促成了竞争的全球化，也进一步增加了资本与劳动力的国际流动性，政府掌控社会保障和劳动力市场的能力被极大地削弱。而知识经济的发展要求劳动者需要不断学习新知识、新技能，以适应新的工作要求。因此，教育终身化从原来的只是对少数精英的要求转变为对广大普通劳动者的基本要求。这就要求社会保障制度应由原来单纯的"安全网"转化为帮扶人们发展能力的平台。在此背景下，西方国家主张从传统的"福利国家"（welfare state）转为"能力建构的福利国家"（capacity-building welfare state），而不仅仅是"工作福利国家"（workfare state）。② 西方国家社会保障理念的转变令人深思，同时对我国

① 李雄.中国社会保障的新结构：促进就业的发展型社会保障.中国法律：中英文版，2008，3：15-17.
② 夏洁，张明琼.全球社会保障制度演变的新趋势及其启示.社会科学论坛：学术研究卷，2009，4：40-45.

社会保障制度的改革与完善有许多值得借鉴之处。

5）我国社会保障制度的不完善无法消除社会排斥等问题

20 世纪 90 年代以来，学者们认识到，贫困和不平等是社会弱势永久化的主要原因，但同时，社会排斥机制也是重要成因之一。因此，如何帮助那些因遭受歧视而陷入弱势境况的群体回归主流社会，已成为社会政策日趋重要的目标。而形成社会排斥的原因有很多，如贫困、失业、劳动力市场排斥等。综合而言，可以在社会排斥有关维度之间建立如下的关系（见图 1－1）：劳动力市场排斥导致贫穷及社会关系排斥，而贫穷和由贫穷导致的消费市场排斥又会加剧社会分割或社会孤立，形成空间排斥和社会关系排斥，由此又降低了失业者再就业的可能性，加剧了劳动力市场排斥。福利国家制度及家庭和社会关系系统会对这些社会排斥起到缓冲作用，但当失业者被排除在国家福利制度和社会关系系统之外时，这种缓冲作用并不存在。

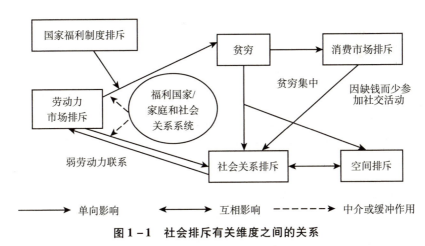

图 1－1　社会排斥有关维度之间的关系

资料来源：曾群，魏雁滨．失业与社会排斥：一个分析框架．社会学研究，2004（3）。

基于发展型社会福利思想，仅具有消极内涵的"福利"必然会导致社会分化，并且长期依赖社会保障也是形成社会排斥的主要原因；而具有积极内涵的"福利"有利于消弭社会排斥，保障公民发展权，促进社会整合。因此，社会保障制度应不仅维持人们的收入水平，还应帮扶人们获得独立，避免劳动力市场排斥，以及由劳动力市场排斥而带来的其他各种社会排斥。但是，目前我国实施的社会保障制度仅侧重保障劳动者的基本生活需要，与劳动力市场不甚协调，使得劳动力市场作为"增进个人福利的最佳途径之一"的功能未能充分实现，因此这种具有消极内涵的社会保障制度不能也不利于消弭社会排斥。

综上所述，我们可以看出，目前我国社会保障制度面临着一系列的问题与挑战：劳动力供给总量供大于求、供给结构失衡必将导致失业问题加剧，不仅影响了社会保障基金的缴费来源，而且必将导致社会保障基金的支出增加，这给目前已因制度转轨产生大量的转制成本和人口老龄化而面临巨大支出压力的社会保障制度带来了更大的压力；而且由于社会保障制度自身设计的诸多缺陷，如制度的不统一、制度的消极性等导致社会保障制度的许多制度设计给其经济基础，即劳动力市场的良性运行和发展带来了不利影响，进一步影响了社会保障制度的可持续发展。因此，在全球社会保障制度理念转变的影响下，完善我国社会保障制度，以促进劳动力市场良性运行与发展是一个亟待解决的问题。

1.1.2　研究意义

1）理论意义

劳动力市场与社会保障的关系是经济政策与社会政策共同关注的重要议题。传统的发展理论和实践中，经济政策和社会政策被认

为是相互独立的，经济政策一般被看作创造财富的手段，社会政策
则被视为提供社会再分配的工具和形成社会福利的手段。但实际
上，社会政策不仅可以作为社会再分配的工具，还可以通过发挥
"积极的社会发动机的角色"促进良好社会的形成；社会福利支出
也不应仅仅看成是成本或支出，而应被看成是一种投资。[①] 近年来，
许多国际组织、社会政策研究者乃至政府部门逐渐认识到，社会政
策不仅具有再分配功能，也具有社会投资功能。如同教育、卫生事
业一样，社会福利也具有帮助人们实现潜能的作用，也可以看作是
对社会资本和人力资本的投资。如 20 世纪 90 年代后期梅志里
（J. Midgley）、吉登斯等学者所倡导的发展型社会政策理论认为，社
会政策应以社会投资为导向，与经济政策相互融合、协调发展，并
寻求多种方式来提高人们参与经济发展的能力。

　　在查阅文献时，作者发现我国研究社会保障的文献非常多，但
诸多文献仅就社会保障自身问题谈社会保障制度，而从社会保障与
劳动力市场互动的角度来研究社会保障的文献却较少，而且许多研
究忽视了社会保障的社会投资功能，所以这也为本书提供了一个很
大的研究空间。本书的研究不仅有助于社会保障理论和制度的完
善，也有利于劳动力市场理论的完善。

2）现实意义

　　从劳动经济学和福利经济学的研究视角来看，劳动力市场和社
会保障之间的关系非常密切，劳动就业可以为社会保障制度的运行
与发展提供一定的物质保障，而不断建设和完善的社会保障制度不
仅可以为劳动力市场的运作营造良好的社会环境，还可以发挥其积
极作用，为劳动力市场提供高素质的劳动力，促进并实现劳动力市
场的稳定和发展。因此，任何一个国家在任何经济发展时期都应当

---

① 　Reisman，D. A.（1977）Richard Titmuss：Welfare and society，London：Heinemann.

统一考虑两者之间的关系。

但在我国，劳动力市场与社会保障二者长期处于一定的相互割裂状态，没有很好地实现互动，更未达到良性互动的程度。这导致在实践中面临着两大困境：一方面，失业问题严峻，就业压力大，影响了社会保障的基金来源，进一步影响了社会保障制度的可持续发展；另一方面，社会保障制度的设计对劳动就业产生了较多负面作用，影响了就业量的增加和就业方式的转换。而且在经济增长的同时，社会排斥和劳动者贫困阶层现象日益明显，贫富差距日益加大，影响了社会的稳定。因此，探索劳动力市场与社会保障之间的内在关系，并通过调整相关政策与制度，实现社会保障与劳动力市场的协同发展，具有重要的现实意义。这不仅有利于就业问题的缓解和社会保障制度的可持续发展，也有利于缓解社会排斥，促进社会稳定和经济发展。

1.2　国内外研究现状述评

1.2.1　国内相关研究综述

近年来，国内诸多学者开始关注社会保障与劳动力市场的关系，并对此进行了研究。如蔡昉（2005）从中国劳动力市场转型与发育的角度论述了社会保障与劳动力市场关系；顾俊礼、田德文（2002）阐释了劳动力市场发展与社会保障变革的关系；万明国（2005）从中国不完全市场制度视角给出了社会保障与市场经济制度互动的分析框架，黄丙志、段景辉（2011）通过互动弹性系数的计量探究和评估了城镇化加速期发达国家社会保障与城乡劳动力市场互动的绩效。但将社会保障与劳动力市场结合起来进行系统研究的文献还比较少。综合而言，目前国内对社会保障和劳动力市场两者之间关系的研究主要集中在以下几个方面：

1）社会保障与劳动力市场的供需关系研究

刘焱白（2008）、范仲文和黄萍（2007）等学者认为，社会保障制度对劳动力市场供需状况的积极影响主要表现在：第一，社会保障制度的实施能够解决社会成员的各项后顾之忧，从而使得社会成员敢于消费，这有利于社会总需求增加，而社会总需求的增加可以有效地增加就业岗位。第二，社会保障可以保障劳动者在遇到各种风险时其生产不会因生活困难而中断，有利于劳动力的生产和再生产，从而间接引导劳动力供需。但王芳和孙作明（2009）、朱忠祥（2007）、林治芬（2005）、刘焱白（2008）、张崇源（2009）等学者认为，社会保障对劳动力供需状况也有消极影响，如社会保障水平过高，保障项目过多，不仅将出现所谓的"福利依赖"现象，制约劳动力供给，而且社会保障高水平必然意味着社会保障缴费率高，费率过高会导致资金流向资本有机构成高的行业，导致劳动力需求量减少。另外范仲文和黄萍（2007）还认为，社会保障水平偏低、覆盖面偏窄时将使劳动者面临的各种风险无法得到有效化解，劳动者需要花更多的时间和精力来度过各种风险，因而难以抽出较多时间参与社会劳动，影响了劳动力的供给。唐萍（2016）认为，我国目前失业保险救济时间过长抑制了失业人员再就业的积极性，社会保障统筹层次偏低影响了劳动力的合理流动等方面的问题，影响了劳动力供给与劳动力需求之间的匹配效率。

2）关于社会保障和劳动就业关系的研究

就业和社会保障是现代社会的两大基本问题。关于两者之间的关系，目前国内很多学者，如张崇源（2009）、王芳和孙作明（2009）、孙艳（2005）、刘霞（2005）等均认为两者之间的关系是相互联系、相互影响且不可分割的。吴艳玲（2008）、裴越和沈毅（2009）、郑功成（2003）、张崇源（2009）、马睿宏（2009）等学者认为，就业问题的解决有利于社会保障制度财政基础的稳定，进而有利于整个社会保障制度的推进与持续发展。而杨方方（2003）、杨天宇（2009）等学者认为，社会保障对就业既有积极的影响，又有消极的影响。其中，社会保障对就业的积极影响表现在：社会保障提供与就业相关的各种保险和福利，因而会吸引劳动者就业；社会保障，尤其是失业保险不仅能保障劳动者在失业期间的基本生活，而且还包含职业技能培训、劳动信息发布、就业技能指导等促进再就业的内容，在一定程度上有利于劳动者的就业再就业。而康旺霖、游桂云（2006）认为，在社会保障支出水平较低的情况下，提高社会保障支出，相当于增加了劳动者的收入，会使得劳动者更愿意参加工作。不仅如此，郑功成（2003）、杨方方（2003）等学者认为，社会保障制度自身的发展本身能够提供大量工作岗位，从而可以扩大就业。蒲艳萍、周子滟（2015）通过面板数据模型分析得出，我国社会保障支出对就业虽有一定的促进作用，但影响的效果及程度仍存在着地区性差异，初步认定这与当地社会保障制度健全程度有关。但也有部分学者认为，社会保障对就业有着消极的影响，如康旺霖和游桂云（2006）、成文（2002）等学者认为，如果社会保障支出水平过高，劳动者可能选择以闲暇来代替工作，从而减少就业供给；另外，社会保障支出的增加会提高劳动力成本，进而减少就业需求。从就业供求两个方面来看，社保支出都对就业有"挤出"效应。此外，郑新娟（2006）、张娟娟（2012）等学者认为社会保障制度内、外对象间的不公平与社会保险代际间的不公平等均对就业产生了不利影响。彭宅文（2008）、林治芬（2005）等学者认为，我国当前社会保险制度的覆盖面、制度体系、统筹层次、便携性等关键问题对就业和劳动力市场的建设不利。

虽然劳动就业和社会保障两者关系密切，但许多学者认为两者并不能相互代替。如张崇源（2009）、马睿宏（2009）认为，不存在"就业就是最好的社会保障"这样的逻辑。这是因为，如果没有社会保障制度，劳动者即便拥有了就业岗位，其养老、工伤、疾病、失业等后顾之忧也无法自动解除。因此，在解决就业问题的同时也必须建立社会保障制度。而且郑功成（2003）认为就业并不能解决所有的社会问题。受各种因素的影响，在初次分配的过程中有些劳动者可能会处于弱势地位，沦为低收入阶层或贫困阶层（如残疾人、下岗失业人员等），如果单纯依靠初次分配必然会出现富者愈富、贫者愈贫的局面。因此，在追求初次分配充分效率化的同时，也必须建立健全具有再分配功能的社会保障制度。

3）社会保障各项目与劳动就业关系的研究

除总体研究社会保障与劳动就业的关系外，我国许多学者还进一步研究了社会保障各项目与劳动就业的关系。

（1）养老保险与劳动就业的关系研究。

养老保险为就业人员提供了最好的老年风险规避方式，而就业为养老保险的运行与发展提供了资金来源（李海平，2007）。但劳动力供求矛盾、劳动力的流动、就业方式多样化等对养老保险产生诸多不利影响（娜仁图雅，2004），而养老保险覆盖面、替代率水平、统筹层次、筹资方式对劳动就业也产生诸多不利影响（娜仁图雅，2004；李海平、陈贵业，2006）。此外，车翼、王元月和马驰骋根据养老金对劳动供给的影响理论，运用 logistic 回归模型对养老金是否影响退休者再就业行为进行了实证检验，同时分析了退休者个人特征变量对再就业行为的影响。结果表明，养老金对退休人员再就业的影响并不显著，而年龄、性别和技术证书对退休人员再就业有显著影响（车翼、王元月、马驰骋，2006）。马双、孟宪芮、甘犁（2014）通过研究得出，养老保险企业缴费比例每增加 1 个百分点，企业将挤出员工 0.6% 的工资，减少 0.6% 的员工福利。虽然养老保险企业缴费对员工工资与应付福利有挤出效应，但企业缴费比例每增加 1 个百分点，企业雇用人数仍将显著减少 0.8%。

（2）医疗保险与劳动就业的关系研究。

关于医疗保险与劳动就业的关系，国内研究较少。伍先斌认为，传统的医疗保险与就业的关系主要表现在"就业有其保"，这导致传统就业者"消极就业观"，国家财政负担沉重；导致劳动力流动受阻，劳动力就业市场难于形成；制约了私营企业的发展，影响了就业（伍先斌，2004）。华迎放认为，医疗保险和劳动就业两者关系密切，医疗保险的实施有利于为就业提供身体健康的劳动者，同时也可以有效地预防职业病的发生，从而保证企业的生产和再生产并进而促进就业。此外，医疗和各种保健服务本身就可以直接提供大量的就业岗位（华迎放，2003）。

（3）失业保险与劳动就业和再就业的关系研究。

失业保险对就业和再就业有两种效应：一种是高水平的失业保险金提高了工人的自愿失业率和工人失业持续的时间，从而对就业产生的"抑制效应"；另一种是失业保险的"资格效应"，会促进失业人员就业和再就业（鲍震宇，2008）。许多学者认为，我国失业保险金给付期限过长，不利于调动劳动者的再就业积极性。此外，我国失业保险过于偏重保障失业人员在失业期间的基本生活需要，促进再就业的功能较弱（李莹，2006；劳科所专题研究小组，2008；文太林，2007；王叶菲，2008；陈静罗、柳妮，2008；孙晓玉，2016）。因此，要改革失业保险制度，要注重发挥失业保险制度的就业促进功能（刘焱白，2008；康旺霖、游桂云，2006；杨方方，2003；陈涛；2011）和预防失业功能（曾令秋，2001；赵蔚，2015）；扩大失业保险覆盖范围，适当提高失业保险基金缴费率，提高失业保险统筹层次，调整失业保险金发放标准和期限（王左艳，2009；易石宏，2009；朱忠祥，2007；鲍震宇，2008）。赵骅、龙树发通过引用社会福利博弈模型指出，我国政府能够提供的保障措施仅仅只能维持他们最简单的生活。在这种状况下，失业人员既不是对"较高层次需求欲望很弱甚至完全没有"，也不可能"不看重物质享受"，所以博弈困局并不会出现，政府应该尽最大力量改善失业者的生活水平，而不用担心是否会助长惰性（赵骅、龙树发，2006）。

（4）社会救助与劳动就业和再就业的关系研究。

目前我国关于社会救助是否对就业和再就业产生不利影响，即产生所谓的"养懒汉"问题存在着争议。一种观点认为已产生了福利依赖现象，如周良才（2007）、曹艳春（2005）、洪大用（2005）、韩琳（2006）、赵淑兰（2007）、郑婷（2014）等，慈勤英、兰剑（2015）也通过在湖北省和辽宁省对低保群体进行调查，研究发现：给予型的低保救助福利提升了低保受助者失业的可能性，降低了受助者再就业意愿，城市低保救助在一定程度上出现了"救助依赖"现象；"反福利依赖"因素在一定程度上纠正了福利给予的负面效用，但也带来了新的福利依赖可能，强化了受助者对低保救助的依赖性。另一种观点则认为我国的社会救助标准还很低，不足以养懒汉，如黄洪、蔡海伟（1998）指出，香港领取社会救助的人均曾积极寻找工作。慈勤英、王卓琪（2006）通过实证研究发现，社会救助对失业者再就业行为的作用方向是不确定的，因此不能肯定是否产生了福利依赖。章彬、高向东（2007）通过阿罗不可能定理、不公平分配、博弈论等对城市低保与就业进行经济分析，认为低保养懒汉只是暂时的现象，不能片面地去看待这个问题。韩克庆、郭瑜（2012）基于定量与定性研究结果，认为低保金目前起到了重要的救助作用，被访者也显示出了较强的就业与改善生活的意愿，认为目前城市低保制度尚不存在"福利依赖"效应，但在前瞻性视角下，不能忽视福利依赖未来出现的可能性。而在分析低保导致福利依赖的原因时，不同学者有着不同的理解，如周良才（2007）、齐心（2007）认为是文化失调所致，曹艳春（2005）、李锦管（2008）、彭宅文和丁怡（2009）、陈翠玉（2016）等学者认为是低保制度本身设计存在诸多问题所致。在相应的解决措施方面，不同的学者也有着自己的见解。如田奇恒、孟传慧（2008）进一步将福利依赖对象进行细化，分为主动依赖型、被动依赖型和低保福利侵占型，并提出应针对不同的低保福利依赖对象实施不同的解决措施；唐钧（2005）认为应实施包括"可持续生计"和"资产建设"在内的反贫困社会政策。更多的学者，如夏建中（2007）、郑杭生（2007）、段小林（2008）等认为应对城市低保制度进行新的制度设计以促进福利接受者再就业；周良才、齐心（2007）等认为应加强反福利依赖文化建设；齐心（2007）、杨中（2008）等认为应加大对有劳动能力的低保对象的培训和工作岗位的提供。

4）社会保障与就业方式的关系研究

目前我国社会保障在缴费、领取、管理等方面都是依据正规就业设计的，不适用于非正规就业（蔡小慎、张舒，2008；王芳、孙作明，2009；丁煜，2008；刘焱白，2008）。这导致劳动力滞留在正规就业劳动力市场，出现失业，也造成我国非正规就业劳动力市场出现扭曲状态（周君明，2005）。针对我国城镇灵活就业人员社会保障存在的问题，一些学者认为应以正规与非正规就业为划分标志，必须本着"低缴费、低待遇、开放式、广覆盖、可持续"原则建立灵活就业人员社会保障（赵志华、邱享林，2006；鲍震宇，2008）。即分类提供与之相匹配的社会保险制度，建立"新二元"社会保险体系（丁煜，2008；刘焱白，2008）；应采取灵活操作办法，完善社会保障管理，加强社会保障统筹协调（易守宽，2004；马睿宏，2009；赵建国，2008）；应针对非正规就业的实际，构建非正规就业的社会保险制度体系等（周君明，2005）。

5）社会保障与劳动力流动的关系研究

统一、完善的社会保障制度有利于促进劳动力的流动和劳动力资源的优化配置（吴艳玲，2008；范仲文、黄萍；2007）；不统一的社会保障（福利）制度阻碍劳动力的流动（罗卓渊，2007；朱忠祥，2007；刘晓玲、常红军，2006）。而我国现行社会保障制度的多重分割，如城乡分割、区域分割、社会人群分割不仅不利于劳动力资源的跨地区流动，也不利于劳动力资源在不同职业之间的转换（肖严华，2007；王芳、孙作明，2009；陈锋、李文中，2008；杨天宇，2009）；社会保障统筹层次低影响了劳动力流动（王芳、孙作明，2009；鲍震宇，2008；常洪钧、潘莉，2005；刘晓玲、常红军，2006）；社会保障管理机构分散，"多龙治水"影响了全国范围内劳动力的自由流动，影响了劳动力资源的最优配置（鲍震宇，2008；陈锋、李文中，2008）。此外，社会保障的覆盖面窄也影响了劳动力流动（刘晓英，2009）。

6）社会保障与人力资本的关系研究

社会保障与人力资本的关系非常密切，两者相互促进（刘媛媛，2005；陈正，2007；赖德胜、田永坡，2004）。社会保障是促进人力资本积累的根本源泉和动力。社会保障制度的建立，削弱了父母对子女在养老方面的依赖程度，促使父母加大了对子女在教育方面的投入力度（马睿宏，2009）。一国社会保障的供给能力与人力资本的积累水平及就业状态密切相关（刘俊霞，2008）。吴小立认为农村社会保障制度的缺失导致农民在健康与保健服务、教育、迁移等人力资本投资方面都陷入不利境况。因此，只有构建农村社会保障机制，才能推动农民进行人力资本投资，缩小城乡差距，促进城乡统筹发展（吴小立，2006）。陈长民也认为社会保障环境是制约人力资本开发的重要因素（陈长民，2005）。此外，田永坡、郑磊、曹永峰通过模型推导认为，增加"统账结合"模式中个人账户的比例将促进人力资本投资，而人力资本投资的增加又会对劳动力的退休产生延迟作用，从而对社会保障产生影响（田永坡，郑磊，曹永峰，2008）。

7）社会保障与劳动关系的研究

张钦成、温希忠认为，劳动关系和社会保障是相辅相成、相互促进的关系，劳动关系的优化不仅是在社会保障体系完善的基础上建立起来的，而且也促进了社会保障体系的完善；同时，社会保障制度的完善促进了劳动关系的优化（张钦成、温希忠，2002）。我国现阶段劳动关系与社会保障制度之间的矛盾主要表现在：劳动关系的多元化与单一的社会保障制度之间的矛盾；劳动力高流动率的要求与社会保障制度覆盖面狭窄之间的矛盾；劳动关系的灵活多样性与社会保障管理体制落后之间的矛盾（樊贵莲，2008）。齐秀华认为，国企的劳动关系处理的难点主要在于社会保障的不健全和这种不健全给人们造成的不良心理预期（齐秀华，2009）。

8）特殊群体社会保障与就业关系的研究

（1）社会保障与农民工就业的关系。

王玥娟从农民工的就业—工资—社会保险视角入手，指出在次级劳动力市场上存在"增加就业机会与制定社会保险政策"两难选择，即政府实施农民工社会保险，就会增加企业的用工成本，导致企业对劳动力需求量的减少，因此可能导致技能低的农民工失业（王玥娟，2006）。张太宇、张桂文认为，从短期来看，农民工社会保障的实施由于规模效应会减少对劳动力的需求；但从长期来看，农民工社会保障制度有利于扩大劳动力需求，提高劳动力的供给质量，也有利于优化劳动力市场运行的制度环境（张太宇、张桂文，2015）。陈宁认为增加农民工就业，提高农民工收入有利于提高农民的缴费能力，进而促进农村社会保障制度的建立和完善（陈宁，

2008）。李春根、赖志杰认为，社会保障制度的不完善制约了城乡就业的统筹，主要表现在：农村社会保障不健全，如老人养老、子女教育等问题，导致部分农村剩余劳动力"出不来"；农民工社会保障缺失，部分进城务工人员就业"稳不住"。因此，为了统筹城乡就业，应继续扩大农村低保制度的覆盖面并提高人均补差水平；建立农村老年人服务体系；改善进城务工农民子女的教育；建立进城务工农民失业保险；完善农保和城保；强制推广工伤保险；解决进城务工农民的医疗保险问题等（李春根、赖志杰，2008）。刘士军认为社会保险政策不完善是造成"局部民工荒"的原因之一，因此需要建立全国统一的便携式的社会保障制度以便更好地促进农民工的充分就业（刘士军，2006）。聂志坚认为，目前我国的双重劳动力市场分割导致农业劳动人口、城市下岗失业人员，尤其是农民工出现严重的生存危机，由此导致社会保障需求增加（聂志坚，2007）。

（2）社会保障与大学生就业关系的研究。

黄敬宝（2008）认为，我国社会保障的城乡之间、单位之间、地区之间发展的不平衡性对大学生，尤其是对风险厌恶型大学生的就业产生了较大影响，因此建议应扩大社会保障覆盖范围和提高社会保障统筹层次。郑纯、凌辉剑（2007）也指出国内许多大学生就业之所以愿意选择国家机关、大中型企业、外企和一些国有企业事业单位，不仅是因为这些单位薪资上比较稳定，有健全的人事制度、激励晋升制度，还因为这些单位的员工可以享受到住房、医疗、养老保险等方面的一系列社会福利保障。另外，陈红霞（2009）等指出目前我国大多数省市将未就业的大学生纳入社会救助的做法并不利于大学生就业，而是应在给予未就业大学生失业津贴以保障其基本生活的基础上，加强就业指导和职业培训工作。

（3）社会保障与城市中年失业者就业的关系研究。

张旭升、吴中宇（2008）认为，我国劳动力市场的多元分割影响了城市中年失业者的就业观念，造成部分人处于失业状态，鉴于他们的就业观及当前城市老年护工的短缺，认为应将解决城市中年失业者的就业问题与发展城市老年护理事业结合起来思考。

1.2.2　国外相关研究综述

社会保障与劳动力市场的互动关系是劳动经济学研究的一个重要领域。尤其是 20 世纪 90 年代以后，西方发达国家的社会保障改革主要针对于社会保障资金的压力与劳动力市场变化两个问题。因此，有关劳动力市场和社会保障两者间的关系在国外经济学界早已被关注。如顾文静（GU Wenjing，2008）通过对法国的社会保障对劳动力市场产生的影响进行实证分析，发现劳动力市场和社会保障之间关系非常密切。他认为降低企业的社会保障缴费率是控制失业的一种非常重要的方法，而且适当的社会保障支出水平是实现社会保障和劳动力市场良性循环的最重要因素。而艾斯平 - 安德森（Esping - Andersen，2003）按照去商品化程度的不同将福利国家分为社会民主主义模式、自由主义模式和保守主义福利模式三种，专门就福利国家与劳动力市场体制进行了分析。

综合而言，国外有关社会保障与劳动力市场关系的研究主要集中在以下方面：

1）社会保障与劳动力供给数量间的关系

社会保障与劳动力供给数量之间的联系主要表现在社会保障，尤其是养老保障与生育率的关系、社会保障与退休决策的关系、社会保障与劳动力参与率的影响三个方面。

（1）社会保障与生育率间的关系。

生育率与社会保障之间的关系是复杂的，这个问题通常在现收现付的社会保障制度中被讨论。生育数量对社会保障制度的影响主要表现在两个方面：一方面，生育数量对社会养老保障制度产生积极的影响，主要表现在其"代际转移效应"，因为随着生育率的增加，将来的劳动力也将增加，意味着缴费人数增加，有利于养老保障计划的可持续；另一方面，生育数量对社会养老保障制度产生消极的影响，表现在其"资本稀释效应"（Micheland Pestieau，1993；Alessandro Cigno，1993）。

有关两者间关系研究最早的是弗里德兰德和斯维尔（Friedlander and Silver，1967），此后许多学者都进行过研究，但研究结论却大不相同。一些早期的学者通过研究发现，养老保障计划和生育率之间的联系非常小，甚至没有联系，尤其是在发展中国家（Kelly，Outright，and Hittle，1976）。而另一些人口学者认为养老保障与生育率之间是正向的（Westoff，1964）；但是大多数学者认为两者之间的关系是负向的，他们认为在没有养老保障的社会里，父母会视孩子的数量作为老年保障的一种形式（Thompson and Lewis，1965；Notestein et al.，1969；Keyfitz，1972；Petersen，1969；Ridker，1969；Charles F. Hohm，1975；Entwisle and Bollen，1981；Entwisle and Winegarden，1981；Hohm，Galloway，Hanson，and Biner，1984；Cigno and Werding，2007）。但是，随着社会变得日益工业化、城市化及其不断地发展，家庭的养老保障功能被新的社会机构（主要是老年保障计划）所替代，因此孩子的效用（尤其是儿子的效用）开始减少。当孩子对养老的效用下降到一定程度时，父母为养老而生育孩子的意愿也会逐渐下降（National Academy of Sciences，1971）。另外，贝克尔（Becker，1994）指出"以国家供养代替子女供养父母的社会保障制度，对父母来说（但不是对社会来说）增加了抚养子女的纯费用……社会保障制度将促使减少对子女的需要"。此外，许多学者也认为公共养老金的提供使得生育率下降了

（Entwisle and Winegarden， 1984； Hohm， 1975； Nugent and Gillaspy，1983， Ehrlich and Zhong， 1998）。而拉他、罗伯塔·加蒂、帕先知（Vincenzo Galasso， Roberta Gatti， Paola Profeta， 2009） 运用 OLG 模型证明发达国家目前的养老金改革（主要是降低养老金水平）可能会导致生育率的增加，而发展中国家的养老金支出将导致生育率下降。

较低的生育率影响了养老保险的缴费基础，尤其在人口老龄化的背景下，严重影响了社会保障制度的可持续发展。因此，许多经济学家建议将养老金待遇与孩子数量相挂钩以刺激生育率（Van Groezen et al. ， 2003； Bental， 1989； Kolmar， 1997； Abio et al. ，2004； Fenge and Meier， 2005）。但对于养老保障对刺激生育率的贡献有多大，国外学界一直存在着争论，有学者认为养老保障计划是最重要的激励机制，要想解决养老保险资金问题，一方面应继续鼓励个人工作并缴纳养老保险金，另一方面应鼓励他们通过生育孩子，并投入时间和金钱来抚养孩子，即增加孩子的人力资本含量（Leibenstein， 1975； Alessandro Cigno， 2010）。但也有学者认为这种激励性是微乎其微的（Lindert， 1983）。

（2）社会保障与退休决策的关系。

马丁·费尔德斯坦（Matin Feldstein， 1974）认为，相对于那些没有受到制度保障的人，受到制度保障的人具有更早退休的激励（更倾向于提前退休）。这种现象被费尔德斯坦称为"引致退休效应"（Induced Retirement Effect）。此外，有关学者也认为社会保障不仅能够而且确实会引致退休，而且社会保障水平越高的国家，其劳动力平均退休年龄越低（Anthony J. Pellechio， 1979； Morten I. Lau and Panu Poutvaar， 2006； Gruber and Wise， 1998）。虽然也有一些学者的研究并没有发现社会保障促使提前退休或者养老金增长对提前退休趋势的作用很小，但大多数人还是认为社会保障与提前退休有着密不可分的关系。

（3）社会保障与劳动力参与率（就业再就业意愿）。

奎因（Quinn，1977）发现对于 55～63 岁的男性和未婚女性，社会保障的资格使得他们的劳动参与可能性下降了 17.5%，而私人养老金资格使得他们的劳动参与可能性下降了 7.3%，而两种养老金资格使得他们的劳动参与可能性下降了 30.5%。利林（Lilien，1979）发现在过去的 30 年年纪较大男性的劳动力参与率下降了大约 50%，主要原因在于日益扩大的社会保障和养老金覆盖面和实际收入的增加。此外，也有学者发现社会保障（以及与之密切相关的残疾人保障计划）对男性的劳动力供给起着强烈的负作用（Boskin，1977；Boskin and Hurd，1978；Burkhauser，1980；Parsons，1982；Gustman and Steinmeier，1986；Kahn，1988；Stewart，1995）。

但是，也有学者认为过去 40 年间社会保障实际收益的大幅增加对劳动力供给行为并没有多大影响（Blinder，Gordon，and Wise，1980；Fields and Mitchell，1984；Moffitt，1987；Burtless，1986；Kruegerand Pischke，1992）。他们认为，劳动力参与率的降低是由于其他原因造成的，如拉姆斯戴恩（Lumsdaine，1994）认为年纪较大的男性劳动力的参与率降低是因为私人养老金的增加，布鲁金斯（Burtless，1986）将原因归于"日益增加的私人财富，20 世纪 70 年代后急剧上升的失业率，以及人们对工作和退休态度的变化"。

还有一部分学者持中间态度，认为劳动力参与率下降仅部分原因是因为社会保障（Danziger，Haveman，and Plotnick，1981；Ippolito，1988；Parnes，1988；d Quinn；Burkhauser，and Myers，1990）。

2）社会保障与人力资本投资（劳动力质量）关系的研究

社会保障与人力资本投资的关系是一个比较新的课题。人力资本投资会对社会保障产生影响。例如，有学者认为不仅是劳动力数量对养老保障制度产生影响，其质量尤其是其劳动生产率对养老保障制度也会产生重要影响。孩子的生产率越高，意味着他们的生产和缴费能力越强，有利于社会保障资金的可持续（Cigno et al.，2003）。

但是，关于社会保障能否促进人力资本投资，学界也存在着不同的观点。

一种观点认为，社会保障会促进人力资本投资，提高人力资本质量，即劳动力质量。如贝克尔（Becker，1994）指出"以国家供养代替子女供养父母的社会保障制度，对父母来说增加了供给子女的纯费用，结果将促使父母减少对子女的需要"，从而增加了每个孩子获得的各种资本，包括人力资本。此外，墨菲（Murphy，1988）认为养老金是父母对子女进行人力资本投资的一种回报，父母对子女的人力资本投资越多，子女的收入越高，缴纳的社会保障税越多，父母一代的养老金水平就越高。而现收现付制养老金制度能够确保这种人力资本投资收益，因此能够激励父母对子女进行人力资本投资。凯姆尼茨和维格尔（Kemnitz and Wigger，2000）也指出，由于人力资本投资的外溢性，投资者无法得到全部的投资收益。但现收现付的社会保障可以补偿这种投资的外部损失，从而刺激家庭对人力资本进行投资。有学者运用生命周期模型进行研究分析发现，社会保障金支付模式及个人社会保障税和收益之间的关联关系可以促进个人进行人力资本投资（Morten I. Lau and Panu Poutvaar，2006）。此外，也有学者研究发现，一个设计合理的社会保障制度可以促进人力资本投资，并且能够降低代际之间的人力资本投资风险。在劳动力市场中，给付确定型保障计划的角色就是为员工进行人力资本投资而产生损失进行的弥补。因此，在信息不对称的情况下，养老金可以被视为是公司与员工之间所签订的有效合同，每一方都承担一定的义务以防随意解聘或离职（Martin Barbie，Marcus Hagedorn and Ashok Kaul, 2002; Richard W. Johnson, 1996)。

但与这种观点不同的是，埃尔利希（Ehrlich, 1998）认为社会保障制度会降低家庭人力资本投资水平。他们认为除了纯粹的利他动机以外，由于依赖子女的赡养，父母才会愿意为子女进行教育投资。而社会保障制度削弱了父母对子女养老的依赖，从而会降低父母对子女的教育投入。辛恩（Sinn, 2006）认为受教育的子女可能拒绝为父母养老提供资源，使父母无法得到全部的人力资本投资收益，这种道德风险将导致父母减少教育投资。也有学者认为，养老保障计划出现资金危机也有可能是内源性的，因为社会保障降低了生育率和人力资本投资决策（Rodrigo A. Cerda, 2004）。

3）社会保障与劳动力流动的关系研究

博迪（Bodie, 1990）认为，公司之所以向雇员提供养老保险金，一个潜在的原因就在于养老金可以降低雇员的流动，进而降低因流动而带来的包括招聘成本、雇佣成本、培训成本等。有学者通过研究发现，那些没有提供养老金的公司员工离职率是提供养老金的公司员工离职率的3倍（Gustman and Steinme'er, 1989）。

但是，对于养老金为什么会降低离职率这一问题却存在着分歧。一些学者认为，被养老保险覆盖的员工在退休前离职会导致他们遭受资本损失，因为给付确定型养老保障计划通常是根据员工退休前薪酬的一定比例来支付的（Ippolito, 1991; Allen, Clark, and Mc-Dermed, 1993; Schiller and Weiss, 1979; Mitchell, 1982; McCor-mick and Hughes, 1984; Wolf and Levy, 1984）。但是，古斯曼和施泰因迈尔（Gustman and Steinmeier, 1993）认为，给付确定型养老保障计划主要是由雇主（有时是雇员）为减税而积累的资金，并不会对雇员造成资本损失。他们发现，缴费确定型计划下的员工离职率并不比给付确定型计划下的员工离职率高，这就意味着雇员离职率并不受潜在资本损失的影响。

此外，随着全球化进程的加快，劳动力不仅在同一国家的不同地区、不同企业之间流动，而且也可在不同国家间进行流动。而在这种跨国流动中，社会保障也发挥了积极的作用。尤其是欧洲国家的高福利对劳动力流动产生了重要的作用。如怀尔达辛（Wildasin，1999）使用公共养老金缴款和福利数据来估计 7 个欧盟国家的"代表工人"财富的变化，发现移民可能使得公共养老金财富量增加额达到一生财富总量的 25%。

1.2.3　文献综述评价及反思

通过对国内外相关文献进行查阅对比发现，国外对劳动力市场与社会保障之间的关系研究较早，而且在定量与定性方面的研究都取得了一定的成绩。这些研究成果对于我国的相关研究具有重要的启示和借鉴意义。但在借鉴的同时，也必须注意到国外研究的背景和各国的具体国情。

首先，国外有关社会保障与劳动力市场的研究，尤其是社会保障与退休决策、社会保障与劳动力参与率关系的研究是在西方国家社会福利制度经过了很长时期的发展、社会福利发展到一定阶段、社会福利水平较高的背景下进行的；而目前中国的社会保障制度还处于发展完善阶段，福利水平还远低于西方国家的福利水平。因此，国外的相关研究是否适合中国的国情和目前的发展阶段，值得考量。

其次，国外有关社会保障与生育率（决定劳动力供给数量）之间的研究，主要集中在研究社会保障如何促进生育。我国的基本国情是人口基数大，虽然近年来生育率持续下降，但人口压力仍然较大。因此，运用社会保障政策来促进生育至少在目前并不适用我国，但国外的研究毕竟说明社会保障和生育率之间存在着互动关系，这一点可为我国在进行相关研究时所借鉴。

最后，国外的劳动力市场状况与中国有很大差别。国外的劳动力市场发展已经较成熟，相比而言，我国的劳动力市场形成较晚；而且我国的劳动力市场有着自身特点，如二元甚至多元分割、结构性失业严重、就业弹性持续降低等。因此，在进行相关研究，尤其是在制定相关政策时必须尊重我国的具体国情。

综合而言，从国外的相关理论研究我们可以看出，社会保障政策和劳动力市场政策紧密相关，两者相互影响。而且从西方社会福利制度的实践发展历程来看，社会保障与劳动力市场紧密结合是必然的趋势。20世纪70年代末期西方福利国家改革的主要原因之一就是因为社会保障与劳动力市场严重脱节导致出现所谓的"福利依赖"、财政压力大等问题，而改革的主要措施就是实施"工作福利""积极福利"等，以促使社会保障与劳动力市场相结合。

随着我国经济的发展和财政能力的增强，以及国家和社会对社会保障事业的重视，我国的社会保障水平必将进一步提高，社会保障覆盖面也将进一步扩大。因此，我们必须吸取国外社会保障制度的发展经验与教训，在制定社会保障政策时，必须考虑社会保障和劳动力市场之间的相互关系，以实现二者的良性互动，避免政策间的相互排斥。反观目前国内的理论研究，更多的是集中在单独探讨社会保障或单独探讨劳动力市场问题，虽然最近几年开始转向探讨社会保障和劳动力市场之间的关系，也取得了一定的成绩，如对两者之间的关系逐步达成共识，即劳动力市场，尤其是劳动就业和社会保障之间有不可分割的关系，两者之间互相联系、相互影响，但不存在相互取代的关系。笔者也发现，目前国内的研究仍存在以下不足之处：（1）国内在研究社会保障和劳动力市场两者之间关系的时候，更多的是从政策角度着手，从理论角度探讨的文献较少；（2）在探讨二者关系时，相关文献较多地偏向于社会保障对劳动力市场，尤其对劳动就业的影响，而忽略了劳动力市场，尤其是转型时期劳动力市场出现的新特征及其发展趋势对社会保障提出的挑战；（3）较多文献只是就社会保障的某一方面对劳动力市场产生的影响或劳动力市场的某一方面对社会保障产生的影响进行分析，缺乏系统性。这些方面尚待深入研究，而这正是本书研究的重点。

1.3　核心概念界定

1.3.1　社会保障、社会福利、社会政策、社会保护与社会安全

中外社会保障事业虽然在实践中早就产生，但是英文社会保障（social security）一词直至 1935 年才出现在美国政府通过的《社会保障法》（Social Security Law）中。此后，国际劳工组织在 1944 年通过的《关于国际劳工组织的目的与宗旨的宣言》（又称《费城宣言》）中首次接受了这个词组。不久，"社会保障"一词开始被广泛使用。但是由于各国的具体国情不同，因此对社会保障概念的界定在不同的组织或国家，甚至在一国之内的不同历史时期和不同学者之间存在差异。如国际劳工组织对社会保障的定义是：通过一定的组织对这个组织的成员所面临的某种风险提供保障，为公民提供保险金、预防和治疗疾病，失业时资助并帮助他重新找到工作。① 英国是西方福利国家的典型代表。在英国，社会保障被概括为国民在失业、疾病、伤害、老年，以及家庭收入锐减、生活贫困时予以的

---

① 郑功成主编. 社会保障学. 第一版. 北京：中国劳动社会保障出版社，2006：4 - 5.

生活保障。① 而美国对社会保障的界定是"系指根据政府法规而建立的项目，给个人谋生能力中断或丧失以保险，还为结婚、生育或死亡而需要某些特殊开支时提供的保障。为抚养子女而发给的家属津贴也包括在这个定义之中。"② 在我国，社会保障这一概念被采用较晚，而直至 1993 年，我国才在《中共中央关于国有企业改革和发展若干重大问题的决定》中把社会保障制度纳入社会主义市场经济体制，并明确指出："社会保障体系包括社会保险、社会救济、社会福利、优抚安置和社会救助，企业、个人积累储蓄保障和商业保险内容。"

此外，关于"社会保障"一词，我们还应注意以下几点：

第一，虽然英文"社会保障"（social security）一词由美国人发明，但是美国的"社会保障"在内容上与许多国家的社会保障制度却是大不相同。其他国家的社会保障，一般是由四个部分组成：社会保险（包括养老社会保险、失业社会保险、工伤社会保险、医疗社会保险、生育社会保险）、社会救济、社会福利、军人保障。而美国的"社会保障"是一个特定概念，它只包括联邦政府的项目，并且只包括参加联邦政府这一项目的员工的老年—遗属—幸存者（the retiree's spouse and children，退休者的配偶和孩子）、残疾保险制度、住院保险（old-age, survivors, disability, and hospital insurance system，OASDHI），以及这些员工的失业和工伤保险。而不包括州和地方政府的社会保障项目，更不包括企业建立的各种退休基金项目。

第二，虽然欧盟国家的社会保障制度非常健全，甚至早已成为福

---

① Social Insurance and Allied Services. Report by sir William Beveridge Cmd, 6404.

② 美国社会保障署编. 全球社会保障—1995（阅读指南）. 第一版. 北京：华夏出版社，1996：1.

利国家，但是欧盟的许多国家的官方却不使用"社会保障"（social security）这个词组，而是使用"社会保护"（social protection）。欧盟国家的社会保护主要包括五个方面：一是各种劳动力市场政策，如就业的促进、劳动力市场效率的提高和劳动力的保护；二是社会保险，主要是化解失业、生病、残疾、工伤和老年的风险；三是社会援助（social assistance）和福利服务（welfare service）计划，主要是针对其他没有足够的谋生手段的弱势群体，包括单身母亲、无家可归者、身体或精神面临困境的人们；四是小型和地区计划，主要是针对社区水平的弱势群体，包括应对自然灾害的小型保险、农业保险、社会基金和其他计划；五是儿童保护，确保儿童健康和正常发育。

总之，除美国外，"社会保障"与"社会保护"并没有太大的区别，都是为了保障公民的基本生活，或者说都是一项保障公民基本生活的制度。因此在国际劳工组织和联合国等的文件中，"社会保障"与"社会保护"经常交替使用和并列使用。

第三，"社会保障"（social security）这个名词，也有人将它译为"社会安全"。如在德国，社会保障即被理解为社会公平和社会安全，是对竞争中不幸失败的那些人提供基本的生活保障。①

第四，关于社会保障与社会福利概念的区分。在国际社会的主流认识中，社会保障与社会福利是两个不同层次、具有不同内涵及外延的概念。这种观点认为，社会福利是指提高广大社会成员生活质量和水平的各种社会政策和社会服务，因此社会保障仅仅是社会福利的一个子项。② 而在中国，社会福利仅是社会保障体系的一个组成部分，主要是对社会当中的弱势群体，如老人、儿童、残疾

---

① 陈良瑾主编. 社会保障教程. 第一版. 北京：知识出版社，1990：1 - 2.
② 熊海帆. 中外社会保障概念的比较分析. 科技情报开发与经济，2007，28：135 - 136.

人、女性、精神病患者等实施的各项社会照顾和社会服务，因此属于狭义社会福利范畴。

第五，关于社会保障与社会政策的区分。1873年，德国新历史学派的经济学家为了对抗当时曼彻斯特派的经济思想并解决当时德国的劳动问题，组织了德国社会政策学会，社会政策这一名词由此而来。该学会的主要人物瓦格纳认为，"所谓社会政策，就是要把分配过程中的各种弊害，采取立法及行政手段，以争取公平为目的而加以清除的国家政策"。他的这一社会政策实际有三个要点：一是立法和行政手段；二是国家政策；三是争取分配过程的公平。福利国家出现后，社会政策的内涵和外延大大增加。蒂特马斯认为，社会政策是一种以社会问题为取向，以问题解决为手段，目的在于改善公民福利，引导社会变迁的积极制度设置。另一社会政策研究大家马歇尔认为，社会政策是指政府所采取的一系列透过提供服务或资金直接影响公民福利的行动，其核心成分包括社会保险、公共援助、卫生福利服务和住房政策。蒂特马斯和马歇尔的定义包括社会政策的内涵（社会福利）和外延（收入安全、健康、教育等），基本确立了社会政策定义的基调。20世纪80年代，社会政策开始进入中国学者的学术视野，许多学者对此进行了深入研究，如关信平认为，社会政策是一个国家的政府、政党和其他组织为实现其社会目标而在社会福利事业方面采取的各种行动的总和。一个国家的社会政策体现了国家（政府）对经济和社会事务的干预，即由政府来举办各种社会事业并通过政府的强制性力量来实施再分配，以抵消或减弱自由市场经济所导致的不公平和各种社会问题（关信平，2000）。

综合国内外学者对社会政策的基本观点，我们可以发现：首先，社会政策属于政府的一项公共政策；其次，社会政策是旨在改善公民社会福利的政策；再次，社会政策工具主要有收入再分配、健康和福利服务等非市场手段；最后，社会政策的外延在不同的时代、不同的国家会有所不同，目前在发达国家比较一致的看法是，社会政策包括收入安全、公共救助、失业、健康、教育、住房。因此，社会政策与社会福利有着密切的联系，甚至蒂特马斯和马歇尔有时会把社会政策等同于社会福利。[①]

总之，在不同的国家和地区，不同时期关于社会保障、社会福利、社会保护和社会安全的概念的界定是不同的。即便是在同一个国家和地区，由于研究者的研究视角不同，对概念的界定也会有所不同。为便于论文的写作，本书将我国的"社会保障"与国外的"社会福利""社会安全"和"社会保护"等概念等同，是指以政府为责任主体，依据法律规定，通过国民收入再分配，对暂时或永久失去劳动能力，以及由于各种原因而发生生活困难的国民给予物质帮助，保障其基本生活的制度。[②]

1.3.2　劳动力市场

每个社会，无论其财富、政体或经济组织如何，都必须进行一些基本的决策。人们通过市场发出的价格信号，做出关于就业、生产和消费的决策，并且协调这些决策。配置劳动力并且协调就业决策的市场称为劳动力市场。任何市场都有买方和卖方，劳动力市场也不例外，劳动力市场由劳务的所有买者和卖者构成。[③]

劳动力市场一词，有三种外延不同的含义。最狭义的劳动力市场，是指从事劳动交换的场所（有形实体），如各地挂牌的"劳务

---

① 徐道稳. 迈向发展型社会政策. 北京：中国社会科学出版社，2008：12 – 19.
② 孙光德，董克用. 社会保障概论. 第一版. 北京：中国人民大学出版社，2010：4.
③ 伊兰伯格，史密斯. 现代劳动经济学. 第六版. 北京：中国人民大学出版社，2000：22.

市场""劳动力交流中心""职业介绍所"。中层含义的劳动力市场，是指劳动要素交换场所和劳动要素交换关系二者之和，它强调市场上的工资由供求双方"讨价还价"而决定。最广义的劳动力市场，除了具有交换场所、交换关系的含义外，还反映了一种机制，包括价格机制、竞争机制、供求机制等。① 可见，劳动力市场与其他要素市场的最大不同在于劳动力市场上的交易对象是劳动者的劳动能力，只有劳动力成为可交易的商品时，劳动力市场才有可能建立。

关于劳动力市场，国内外还有一些称法，如"劳工市场""职业市场""人才市场""人才交流中心"等。但"劳动力市场"是西方市场经济国家对这个问题的普遍称呼，虽然学者们对劳动力市场内涵的界定有所不同，但一般经济学中所论述的劳动力市场都是指广义的、抽象的、以市场机制来调节劳动力供求的经济关系。国际劳工组织在研究劳动力市场时，也把有关劳动力供求关系的所有问题都包容在劳动力市场之中。② 因此，本书也统一采用广义的"劳动力市场"这个概念。

1.4 研究思路、研究方法及可能的创新

1.4.1 研究思路

本书从与社会保障制度密切相关的劳动力市场角度出发，运用

---

① 马培生. 劳动经济学. 第一版. 北京：中国劳动社会保障出版社，2006：24.
② 宋晓梧. 有关劳动力市场国际比较的几个问题. 北京市经济管理干部学院学报，1993，1：27.

劳动经济学相关理论模型，对社会保障与劳动力市场之间的关系进行了系统的理论分析，在此基础上实证分析我国社会保障制度对劳动力市场产生的扭曲效应和劳动力市场在形成与发展过程中所呈现的诸多特点及其发展趋势对现行社会保障制度设计提出的挑战，最后借鉴国外社会保障制度与劳动力市场的演变经验，提出劳动力市场视角下完善我国社会保障制度的具体对策建议（见图1-2）。

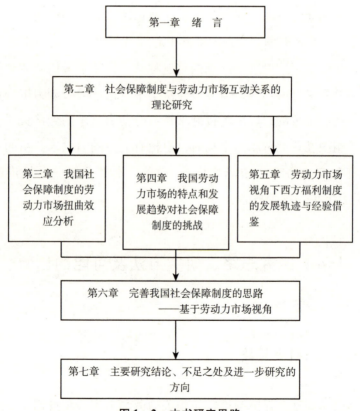

图1-2　本书研究思路

1.4.2　研究方法

1）比较分析法

有比较才能有借鉴，才能更好地总结经验与启示。本书通过比较我国不同时期的社会保障制度对劳动力市场的产生效应，并通过比较借鉴国外社会保障制度的发展演变经验，提出完善我国现行社会保障制度的思路。

2）历史分析法

以历史的视角考察问题是最深刻的一种研究方法，经得起历史检验的，才更接近真实、接近规律。本书历史性地总结分析了国内外的社会保障制度与劳动力市场关系的演变历程，尤其是国外社会保障制度的发展较早，其社会保障制度经历了产生、发展、成熟、改革周期性的过程。因此，总结国外社会保障制度发展的成功经验与教训，结合我国社会保障制度自身的特点及我国具体的国情，对完善我国社会保障制度具有十分重要的意义。

3）文献资料法

文献资料的搜集、分析与思考贯穿本书的始末。从最初的研究综述，到书中对国内外社会保障与劳动力市场关系的理论与实证分析，再到末尾的应对之策，笔者阅览、总结了大量有关社会保障和劳动力市场方面的论文、专著等资料，因此文献资料法贯穿始终。

1.4.3　可能的创新

1）研究视角创新

本书突破较为传统的针对社会保障自身问题研究社会保障的做法，从与社会保障有较大关系的劳动力市场入手，理论分析了劳动力市场和社会保障的相互影响，并在实证分析目前我国社会保障自身存在的诸多对劳动力市场不利的因素，以及劳动力市场转型对社会保障提出的诸多挑战的基础上，提出了完善我国社会保障制度的具体建议。该研究视角开拓了研究思路，提出的建议避免了政策间的相互抵消作用，更具有实践意义和可行性。

2）研究内容创新

本书采用历史分析法和文献分析法，对我国和国际社会的社会保障和劳动力市场的相互关系的演变历程分别进行了梳理，并在理论分析两者相互关系的基础上进行了一定的实证分析，研究内容较为系统全面。

2
=

社会保障制度与劳动力市场
互动关系的理论研究

2.1　社会保障制度与劳动力市场互动的理论基础

社会保障与劳动力市场的互动关系是劳动经济学研究的一个重要领域。有关社会保障制度与劳动力市场，尤其是有关社会保障制度与就业关系的主要理论学派有：新历史学派、福利经济学派、凯恩斯学派、瑞典学派和新自由主义学派等。

2.1.1　古典自由主义社会福利思想

以亚当·斯密为代表的古典自由主义对 19 世纪前期的西方社会福利实践产生了重大影响。古典自由主义主张自由放任，认为市场经济这只"看不见的手"能够实现资源的合理配置，政府的干预只会影响经济发展，所以"管得最少的政府才是好政府"。因此，在社会保障方面，古典自由主义反对任何形式的收入再分配，所以也反对社会救济制度。古典自由主义者认为社会成员的贫穷是由于其懒惰等个人原因造成的，政府对穷人的救济行为不仅无法使穷人摆脱贫穷，反而有可能使富人也变得贫穷，不仅导致整个社会穷人数量增多，也导致人们会变得懒惰与傲慢。

2.1.2　新历史学派社会福利思想

19 世纪末 20 世纪初，德国统一大业基本完成，如何实现经济快速发展与社会稳定成为德国社会的重要问题。在这样的时代背景下，新历史学派开始出现。面对当时德国社会比较严重的劳资冲突问题，新历史学派主张通过国家实施劳动保险法、孤寡救济法等一系列政策措施来改善劳动者的劳动条件和生活条件，以此缓解劳资冲突。此外，新历史学派认为劳资冲突是由于工人缺乏道德原因造成的，属于伦理道德方面的问题，因此不需要通过进行社会革命来解决，而可以通过对工人进行教育来改变其心理和伦理道德观点，以此协调劳资关系。总之，该学派对就业和社会保障的关系虽未直接提及，但是主张通过增进社会福利来缓和劳资矛盾。

2.1.3　福利经济学派社会福利思想

福利经济学是影响社会保障制度的重要理论，而社会保障与劳动力市场存在的互动关系在其中也有间接论述。福利经济学派代表人物庇古认为，社会福利的增加可以采取两种方式：一种是增加国民收入总量，另一种是使国民收入分配均等化。通过增加国民收入总量这种方式来增加社会福利，关键是要实现生产要素的合理配置，尤其是实现劳动力的合理配置。而通过国民收入再分配来增进社会福利，主要是国家把通过累进所得税、遗产税等向富人征收的税款用来创建各项社会福利设施，通过这一途径把富人的一部分钱转移给穷人，从而在同等收入总量条件下，增加货币的边际效用和总效用，增加社会福利。从庇古的福利经济学的基本理论出发，我们可以发现：有效配置劳动力资源，有利于国民收入总量最大化，提高社会福利水平；而社会保障制度的实施，通过国民收入再分配增加货币的总效用也可以增进社会福利。通过协调劳动力市场的"效率"和社会保障的"公平"，均可以实现社会福利的增加。20世纪30年代，西方经济学家如卡尔多、希克斯、伯格森、萨缪尔森等在庇古的福利经济学基础上，应用帕累托最优原理，发展了新福利经济学。虽然新福利经济学形成了一些新的思想，但是大多学者认为，公平与效率都应得到重视，因为公平与效率都会影响到社会福利的总量。

2.1.4　凯恩斯学派社会福利思想

20世纪30年代的经济大危机是西方国家观念彻底更新的催生剂。1929~1933年，自由资本主义世界出现了空前的经济大危机，社会上出现了有效需求不足、生产供给"过剩"、大规模的贫困、失业等现象。而传统的主张实行自由放任的古典自由主义理论对此无法做出解释，因此主张国家干预的凯恩斯主义理论得以形成与发展。

凯恩斯主义理论的核心是建立在社会有效需求的基础上。他认为，市场不存在自动达到充分就业均衡的机制，资本主义制度下存在着的生产过剩和失业是"有效需求"不足造成的，因而政府应该干预经济，通过政府的政策、特别是财政政策来刺激消费和增加投资，以实现充分就业。"要实现充分就业目标，就必须把有效需求提高到充分就业所要求的水平。"[1] 因此，他主张国家实施扩张性财

---

① 厉以宁 . 凯恩斯主义与中国经济 . 第一版 . 哈尔滨：黑龙江人民出版社，1991：100.

政政策，对经济进行积极干预，如加大各种公众福利等基础设施的建设；通过累进税和提高社会福利等办法提高全社会生活福利，以增加消费倾向，提高居民的有效需求，从而带动劳动力市场发展，实现充分就业；着手规范劳动力市场的秩序，通过法律保障组织工会、进行集体谈判和罢工的权利，扩大劳动人民的经济社会权利特别是享受社会保障的权利，对工会运动的强劲发展采取相对宽松的政策。[1] 凯恩斯的有效需求理论论证了社会保障的建立与发展可以提高社会成员的消费倾向，增加社会的有效需求，从而有利于整个社会的经济发展和就业的增加。

2.1.5　贝弗里奇社会福利思想

针对 20 世纪初英国严重的失业问题，贝弗里奇在对失业问题进行深入研究的基础上，于 1909 年出版了《失业：一种工业的问题》一书，贝弗里奇对失业问题提出了两个具有重要影响的观点：一是他认为："失业基本上是一种工业的和国家的问题，而不是个人品行的问题，为劳动者提供合理的就业保障应该是一切个人义务及社会行动的基础。"二是他认为人们对失业性质的认识是错误的，"问题的关键不是失业，而是就业不足。"因此，他认为，仅靠劳动移居地及市政工程等劳动救济措施是不够的，必须采取有效措施，对劳动力供需进行有效调节，缩短就业间隔；同时，在失业期间给失业者一定的救济，只有这样才能有效解决失业问题。他认为，建立劳动介绍所制度和失业保险制度是解决失业问题最有效的措施。[2]

---

① ［英］约翰·梅纳德·凯恩斯. 就业利息和货币通论. 第一版. 宋韵声译. 北京：中国社会科学出版社，2009：71 – 88.

② Kenneth D. Brown. The Labor Party and the Unemployment Question, 1906 – 1910. The Historical Journal, 1971, 3：615.

而 1942 年贝弗里奇爵士发表的"贝弗里奇报告"（即《社会保险及有关的服务》），以消除贫困、疾病、肮脏、无知和懒散五大社会病作为目标，制订了一个以社会保险制度为核心的全面的社会保障计划。贝弗里奇报告一再强调，社会保障计划"是一个以劳动和捐款为条件，保障人们维持生存所必需的收入，以便使他们可以劳动和继续保持劳动能力的计划。"因此，报告认为整个社会保障制度是全面改革的一部分，主要是针对贫困和失业。报告还指出，社会保障首先是对最低生活标准的一种收入保障，但它必须与那些能够尽快恢复劳动收入的措施紧密相连。

2.1.6 瑞典学派社会福利思想

瑞典学派（Swidish School），又称北欧学派或斯德哥尔摩学派，其代表人物主要有卡塞尔（Gustav Cassel）、维克塞尔（Knut Wicksell）、林达尔（Erik Lindahl）等经济学家。瑞典学派把"充分就业"和"收入均等化"作为社会保障的两个主要内容，主张应强调人力政策，如加强劳动力重新训练、增加职业流动性和在高失业地区举办公共工程，以此来实现"充分就业"。与此同时，还主张利用累进所得税、转移性支付、创建社会福利设施等各种收入再分配方法，尽可能使社会成员之间的收入水平和消费水平趋于均等。在劳动力市场与社会保障关系方面，瑞典学派主要是认为社会福利的提高可以增加公共开支，从而刺激整个社会的消费和投资，促进企业生产和再生产，进而可以使社会就业总量增加。

2.1.7 新自由主义学派社会福利思想

20 世纪 70 年代，西方国家经济出现滞涨，福利制度的弊端日益凸显，尤其是社会上存在着较多的福利依赖者，人们开始意识到社会保障制度对经济发展和就业的负面效应。于是以弗里德曼、艾哈德、哈耶克、费尔德斯坦、布坎南等为代表的一些经济学家开始对"二战"后至 70 年代盛行的凯恩斯主义理论进行抨击。该学派被简称为新自由主义学派，其内部又存在着供给学派、货币学派、制度学派和理性预期学派。

与凯恩斯主义主张的国家干预理论相反，新自由主义学派主张经济自由和有限政府，认为由市场进行资源分配和财富分配是最为公平和有效的，任何人为的财富分配都会影响社会前进的动力。在社会保障方面，新自由主义学派认为，高福利使得企业的缴税负担加重，影响到企业投资和创造价值的积极性，而且高福利会对自立、自主和自我负责的精神造成破坏，因此高福利对经济和社会发展具有破坏力。如弗里德曼在其《自由选择》一书中认为："福利计划的主要祸害是对我们社会结构的影响。它们削弱家庭，降低人民对工作、储蓄和革新的兴趣，减少资本的积累，限制我们的自由。"而在福利服务方面，新自由主义理论学派也主张应当尽量降低国家的作用，让市场发挥作用，实行市场化和自我负责。

由此可见，新自由主义理论学派主要是从社会保障过高时损害经济效率的角度论述就业与社会保障的关系。在新自由主义思想的影响下，美国、英国、法国等国家开始改革或调整本国的社会保障制度，采取的主要措施包括增收节支和社会保障私营化等。

2.1.8　吉登斯第三条道路理论

在全球化和知识经济的背景下，传统的福利国家面临新的挑战。吉登斯在反思传统福利国家的基础上，提出了福利国家改革的新思路，即用社会投资国家取代福利国家。其理论成为流行于欧美的

"第三条道路"思想的重要基础。该理论认为，完全的自由市场会导致贫困等各种社会问题，影响社会的稳定，因此国家需要对市场进行干预，而国家的过多干预也会对市场产生许多负面影响，因而政府行为也应受到一定限制。因此"第三条道路"支持一种新型的混合经济。此外，该理论提出"社会投资国家（social investment state）"这个概念。"对人类的潜能的开发应当在最大程度上取代'事后'的再分配"；"在可能的情况下尽量在人力资本上投资，而最好不要直接提供经济资助。"① 因此，第三条道路主张，应变福利政策为投资政策，变社会支出为社会投资，变事后补救性福利为事前预防性福利，通过在经济、教育、培训等领域的政府投资和个人投资，提高社会群体参与市场竞争的能力，而不再是传统简单发放救济金、增加失业补贴。

2.1.9　马克思主义社会保障思想

在对当时欧洲资本主义社会经济进行深刻揭露和批判的基础上，马克思和恩格斯提出了一种全新的社会保障思想。该理论思想认为，社会保障是整个资本主义社会存在和发展的基础，在资本主义生产方式下，仅仅依靠家庭保障无法满足劳动力扩大再生产的费用支出，而必须依靠社会保障来支持。

马克思指出，社会保障是社会再生产的必要条件，特别是劳动力再生产所必须的条件，为防止各种不幸事故和灾变所带来的后果，应建立社会保障和福利基金，为社会弱势群体提供基本的生活保障，并为全体社会成员提供公共福利服务。马克思还进一步指

---

① 安东尼·吉登斯（Anthony Giddens）. 第三条道路——社会民主主义的复兴. 第一版. 北京：北京大学出版社，2000：105.

出，社会福利基金源于社会总产品，其扣除额应该与经济发展状况相协调；社会福利费用尽管来源于劳动者所创造的财富，但它"又会直接或间接地用来为处于社会成员地位的这个生产者谋福利"。[①]此外，马克思在《资本论》中还进一步提出，有工作能力的劳动者必须为失去工作能力者或者还没有工作能力者的生活福利提供一定的劳动。

总体而言，以上在不同时期对政府行为起到重大指导作用的各种社会福利思想的主要内容虽然有所不同，甚至是相互对立的，但我们却可以从中发现，无论是主张个人责任的社会福利思想还是主张国家责任的社会福利思想，抑或是其他主要福利思想，其中都阐述了社会保障与劳动力市场紧密相连的关系，只不过阐述的角度和重点有所不同，有的偏重于从伦理角度论述，有的偏重于从经济效率角度论述等。

2.2　社会保障制度对劳动力市场
产生影响的理论分析

社会保障对劳动力市场产生的影响主要表现在：社会保障对劳动力供给产生的影响、社会保障对劳动力需求产生的影响和社会保障对劳动关系产生的影响等方面。

2.2.1　社会保障对劳动力供给的影响分析

社会保障对劳动力供给产生的影响主要表现在三个方面：社会

---

① 马克思. 哥达纲领批判. 第一版. 北京：人民出版社，1963：19 - 20.

保障对劳动力供给数量的影响、社会保障对劳动力供给质量的影响和社会保障对劳动力供给结构的影响。

1）社会保障对劳动力供给数量的影响

社会保障制度对劳动力供给数量具有重要的影响作用。总的来看，社会保障可以为全体社会成员在遇到困难时提供基本的生活保障，保证和促进了劳动力的生产再生产。而且社会保障作为调节社会收入分配的重要手段，在一定程度上缩小了整个社会的贫富差距，从而缓和了分配领域中的尖锐矛盾，也有利于劳动力的生产和再生产。所以，社会保障对劳动力供给数量的影响在本质上是积极的。然而，在社会保障实际运行过程中的各个不同阶段，例如，征收社会保障费时，或对失业者支付救济金，对退休职工发放养老金时，情况会有所不同。因此，尽管社会保障对劳动力供给的影响在本质上是积极的，但它的相对影响却有可能是非积极的，有时还会阻碍劳动力的供给。

（1）社会保障费（税）的征缴对个人劳动供给决策的影响。

在一个国家实施社会保障制度的情况下，人们在提供劳动力供给或增加劳动力供给的同时就要缴纳相应的社会保障税（费），这就有可能改变人们在劳动和闲暇之间的抉择。社会保险税的征收会对劳动力的供给同时产生两种效应：收入效应和替代效应。一方面，社会保险税的征收，使得工作带来的边际报酬率降低，因此劳动者可能会选择以闲暇替代劳动（替代效应），从而减少劳动力供给；另一方面，由于课税使当期收入减少（收入效应），会使劳动者为弥补收入的下降而努力工作，从而增加劳动力供给。总之，社会保障费（税）的征缴对劳动力供给既有积极的一面，也有消极的一面，最终结果取决于收入效应和替代效应的大小。如果替代效应小于收入效应，劳动力供给就会增加；反之，如果替代效应大于收入效应，劳动力供给将会减少。

（2）社会保障对生育数量的影响。

社会保障对劳动力供给数量的影响也可通过社会保障对生育数量的影响而表现出来。理论界一般认为，社会保障制度的建立和完善使得子女扮演保障的角色越来越弱，其养老"效用"逐渐下降，因此可以使得家庭及父母逐步摆脱"养儿防老"等传统观念，家庭生育率会逐步有所下降，最终导致整个社会劳动力资源数量进一步减少。

（3）社会保障支付水平对劳动力供给数量的影响。

社会保障支付水平对劳动力供给数量的影响主要表现在两个方面：社会保障支付水平对个人劳动供给决策的影响和社会保障支付水平对劳动力退休决策的影响。首先，社会保障支付水平对劳动力供给的影响主要体现为改变个人劳动力供给决策的条件。这种影响主要表现在以下几个方面：一是会影响新生劳动力进入劳动力市场的时间。如果一个国家的社会保障制度为尚未进入劳动力市场的人提供的社会福利水平较高，使得他们可以不用进入劳动力市场就可以生活得很好的话，显然就会推迟他们进入劳动力市场的时间。二是会推迟失业者重新进入劳动力市场的时间甚至会导致他们不再进入劳动力市场。"职业搜索"理论认为，社会保障水平越高，尤其是为失业者提供的失业救济金水平越高，失业者在劳动力市场上搜寻职业所花费的时间就越长。三是会使已工作者减少劳动力供给。人们在就业行为上的博弈倾向是追求自身利益最大化。这是因为，一般而言，社会保障支付意味着劳动者在工作时间不变的情况下总收入的增加，导致预算约束线由 E1 移动至 E2，由图 2 - 1 可以看出，随着预算约束线发生变化，劳动者的工作时间由 T1 减少至 T2，随着社会保障支付水平的增加，劳动力的工作时间减少的越多。而社会保障支付水平不足也影响着劳动力的供给。这是因为，如果社会保障制度缺失或严重不足，劳动者难以依靠自己和家庭的力量抵御社会风险、维持基本生活时，会导致劳动者花费更多的精力应对各种风险，难以抽出时间参与社会劳动，甚至可能选择通过罢工、抗议等活动来维护自己的劳动权益，导致劳动力供给时间减少。四是社会保障对劳动力退休决策产生影响。一方面，由于养老保险制度强制性地将年轻时的工资收入通过缴纳社会保障税（费）的方式转移到年老时使用，导致一部分劳动力会在尚未达到国家法定退休年龄前就会选择退出劳动力市场；另一方面，退休决策是接近退休年龄的劳动者在评估了未来的工资水平和养老金收益后按照效用最大化原则而确定的，因此一个国家的养老金水平越高，其平均退休年龄往往越低。[①]

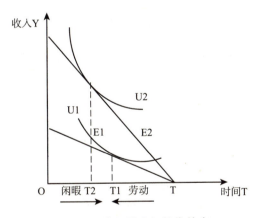

图 2 - 1 收入效应与替代效应

图 2 - 2 描述的是社会保障水平与退休年龄决策之间的关系。图中，横轴表示的是时间，从左到右推进是工作时间，从右向左推进是退休年龄；纵轴代表的是终生收入的折现值。图中曲线 ABCD 和

---

① 李保华. 退休年龄选择机理：基于人力资本与社会保障的视角. 新疆财经大学学报，2009，2：16 - 20.

AB′C′D′描述的是终生收入流曲线，U1 和 U2 曲线表示的是劳动者的效用无差异曲线。当终生收入流曲线为 ABCD 时，其与劳动者的效用无差异曲线 U1 相切于 C 点，遵循效用最大化原则，此时劳动者应选择在 T 时退休。而当社会保障水平提高时，终生收入流曲线向上平移到 AB′C′D′，此时其与劳动者的效用无差异曲线 U2 相切于C′点，此时遵循效用最大化原则，劳动者应选择在 T′时退休。由此可见，社会保障水平的提高，会使得劳动者退休年龄降低。

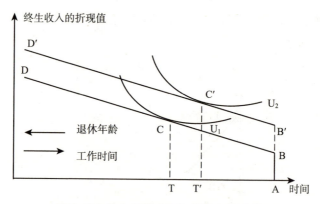

图 2－2　社会保障水平与退休年龄决策

（4）社会保障制度类型对劳动力供给数量的影响。

不同的社会保障制度类型对劳动力供给数量产生的影响也不同。例如，就业关联型社会保障制度意味着社会保障资格的取得必须以就业为前提，而且社会保障金的获得与其缴费水平、期限等挂钩，因此该种类型的社会保障制度就会吸引员工就业，即社会保障的"资格效应"，对劳动力供给数量具有积极的作用。相反，普遍保障型的社会保障因与劳动者的缴费无关，因此该种类型的社会保障对劳动力供给并无积极作用，尤其在社会保障水平偏高的情况下，普遍保障型的社会保障会对劳动力供给数量产生很大的负面作用。

（5）社会保障通过对劳动力的修复从而增加劳动力供给。

社会保障制度，尤其是其中的医疗保险和工伤保险等项目，能够帮助生病的或受伤的劳动者尽快摆脱疾病或伤残风险，使劳动者的劳动能力得以较快恢复，尽快进入劳动力市场提供劳动力供给。这是因为，如果没有完善的社会保障制度，一部分劳动者在遇到疾病或伤残风险时因经济原因而无法得到及时治疗，从而使身体健康状况或者说劳动能力无法及时康复甚至可能永远无法康复。

2）社会保障对劳动力供给质量的影响

社会保障制度不仅会对劳动力供给数量产生较多影响，而且社会保障制度下的一系列计划或项目，也能够提高劳动者素质，从而能够提高劳动者的劳动生产效率，即提高劳动者的供给质量。而劳动力供给质量主要是通过人力资本投资形成的。而人力资本投资形式主要包括教育、培训、健康保健、劳动力迁移（流动）等。

（1）社会保障能够为人力资本投资提供良好的环境。

健全的、完善的社会保障制度可以为劳动者在进行人力资本投资时解除后顾之忧，促进人们进行人力资本投资。例如，有了完善的失业保障制度，可以让失业者在失业期间不会为了生存而急于就业，而是可以安心地进行培训和学习，不断提升自身人力资本含量以满足经济结构调整和升级对劳动力的素质要求。

（2）社会保障对教育、培训、健康保健等人力资本投资形式的影响。

教育、培训和健康保健是人力资本投资的主要形式，社会保障制度会对这些人力资本投资形式产生一定的影响。一般而言，健全的、完善的社会保障制度促进劳动力进行人力资本投资。一方面，在教育、培训这两种人力资本投资方面，社会保障中的教育补贴、培训补贴等会降低人们在接受教育、培训等人力资本投资形式时的费用，从而提高人们进行人力资本投资的意愿。另一方面，社会保障制度中的医疗保险制度的建立与完善会降低参保人员的就医费用，使得人们不会因无钱治病而影响自身健康。

（3）社会保障对劳动力流动的影响。

劳动力的流动有利于使得劳动力与生产资料有效结合，从而可以充分利用劳动力资源，提高劳动生产效率，因此也被称为是人力资本投资形式的一种。一般而言，普遍而完善的社会保障制度可以保障劳动力的基本生活需要，解除劳动力在流动时的后顾之忧，促进劳动力的流动。而多元性的、不完善的社会保障会严重阻碍劳动力在各部门、各企业之间的流动，造成劳动力资源配置的低效率。

（4）社会保障对生育产生影响进一步影响劳动力供给质量。

一方面，社会保障制度的建立和发展会对社会成员在生育时间的选择上产生影响。从经济学的角度来分析，在没有建立社会保障的情况下，人们一般倾向于通过早育来给家庭早点增加劳动力，以积累财富，为老年生活提供充足的经济基础。而养老保障制度的建立解决了人们的养老之忧，使人们倾向于晚育。晚育可以使劳动者有更多的时间进行人力资本投资，有利于劳动力资源质量的提高。另一方面，社会保障的建立和发展会对生育质量产生影响。在没有社会保障制度或社会保障制度不健全和完善的情况下，人们往往重视生育数量忽视生育质量。而社会保障制度的建立和发展在使得生育数量减少的同时会使得人们注重优生优育优教，使得劳动力素质得以提高。

3）社会保障对劳动力供给结构的影响

长期以来，男尊女卑、重男轻女是许多发展中国家的普遍观念，之所以存在这种观念，是因为人们主张养儿来防老，因此出现了男孩偏好的现象，而在计划生育等政策的影响下，人们会采取 B 超等各种措施保证出生的孩子的性别是男性，影响了人口的出生性别比。而社会保障制度的建立和完善将有助于人们逐渐摒弃养儿防老的观念，有利于改变出生性别比失调的现象，进一步有利于实现劳动力资源供给性别结构的优化。

2.2.2 社会保障对劳动力需求的影响分析

1) 社会保障对劳动力需求的影响

由于经济发展会对劳动力需求产生影响，所以社会保障在对经济发展产生影响的同时必将对劳动力需求产生影响。根据著名的"奥肯定律"可知，GDP 增长速度每提高 2 个百分点，失业率便下降 1 个百分点；反之，GDP 每下降 2 个百分点，失业率便上升 1 个百分点。因此，在其他条件不变的情况下，经济增长速度越快，劳动力需求越大。而纵观各国社会保障制度的发展历程，我们可以得出，完善的社会保障制度对经济增长起促进作用，主要表现在：政府运用社会保障制度削弱了市场失灵的消极影响，促进了市场的效率，提升了社会公平度和福利度，为经济增长培育了良好的社会环境；社会保障制度为劳动者提供经济的和心理的双重保障，消除了劳动者的后顾之忧，使劳动者愿意进行人力资本投资，进而提高了劳动效率，促进了经济增长；社会保障基金有利于资本市场和产业结构的良性发展，能够促进经济增长；社会保障制度及其完善提升了社会成员对未来生活质量的预期，增加了社会成员的边际消费倾向和实际消费行为，从而促进国民经济和就业的增长；此外，较完善的社会保障制度还具有调节经济周期的作用，这一点在市场经济完全化的国家展现得更为充分。但是，不完善、不适当的社会保障制度，如社会保障制度过度发展或滞后发展均不利于经济增长，从而不利于劳动力需求的增加。

2) 社会保障制度本身提供了大量就业岗位

社会保障制度想要正常有序地进行必须具备四大系统，即法制系统、管理系统、监督系统、实施系统。而每个子系统的运行高效率需要建立在其人员需求得到充分满足的基础上。因此，社会保障系统本身就提供了多个就业岗位，可以促进就业。此外，社会保障制度的发展意味着社会保障机构也在不断扩展，而与之配套的劳动就业服务体系、医疗护理和养老机构等第三产业也在不断发展，因此创造了更多的就业机会。

3) 社会保障费（税）征缴对劳动力需求的影响

在市场经济国家，社会保障制度作为一种再分配制度，通常都是按照一定比例从工资总额中提取的，这在一定程度上相当于雇主在产品生产中的人工成本，即劳动力成本增加，最终会对劳动力需求量产生影响，尤其是过高的社会保障缴费（税）水平对劳动力需求产生的影响较大。由于在劳动力市场上，整个劳动力市场的劳动力需求量是单个企业劳动力需求量的加总。因此，通过分析单个企业劳动力成本变化对劳动力需求的影响，我们可以从中看出社会保障税（费）的征缴对劳动力需求量产生的影响。根据边际生产力理论，企业是根据劳动力的边际收益与边际成本的对比来决定劳动力的需求量的。当劳动力的边际收益大于劳动力的边际成本时，企业会增加劳动力的需求量；而当劳动力的边际收益小于劳动力的边际成本时，企业会减少对劳动力的需求量。

（1）短期条件下社会保障费（税）征缴对劳动力需求的影响。

在短期条件下，资本作为主要生产要素之一，其变动弹性很小，因此企业产出的增加主要是靠劳动投入量的增加来实现的。社会保障税（费）的征收使得企业劳动力的边际成本提高，因此在劳动力边际收益不变的情况下，企业为实现利润最大化，有可能降低产出量，使得劳动力的需求量减少；相反，社会保障税（费）减少，意味着劳动力边际成本降低，在劳动力边际收益不变的情况下，为实现利润最大化，企业的劳动力需求量会相应增加。

（2）长期条件下社会保障费（税）征缴对劳动力需求的影响。

在长期条件下，资本和劳动力两种生产要素的投入量都是可变的，而且劳动力和资本之间可以相互替代。当劳动力边际成本高于资本边际成本时，企业就会倾向于多使用资本这种生产要素；而当劳动力边际成本低于资本边际成本时，企业就会倾向于多使用劳动力这种生产要素。社会保障税（费）的征缴意味着劳动力成本的相对提高，因此企业可能就会选择用更多的资本来替代劳动力，导致劳动力需求量降低，失业率上升。

图 2-3 显示，假设未征收社会保障税（费）时，企业的劳动力需求曲线为 D1，而面临的劳动力供给曲线为 S，此时劳动力供求达到均衡，均衡工资水平为 W0，企业此时的劳动力需求量为 L1。征收社会保障税（费）后，企业的劳动力成本上升，因此会以资本替代劳动力，导致劳动力需求量下降，劳动力需求曲线左移至 D2，我们可以看出，此时的劳动力需求量仅为 L2，即因为征收社会保障税导致劳动力需求量减少 L1－L2。由上述分析可以看出，社会保障税（费）的征收会导致单个企业，进而导致整个市场的劳动力需求量下降。

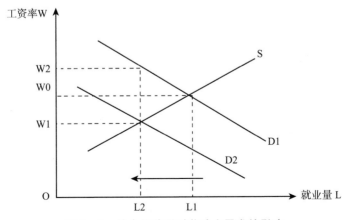

图 2-3 社会保障税对劳动力需求的影响

4）社会保障支付与劳动力需求

政府的社会保障支出属于财政转移支付的一部分，与实际的商品和劳务交换没有直接联系，因此政府的社会保障支付不会直接对经济和就业产生影响。但是，社会保障支付会增加受益者（受助者）的收入，进而转化为他们的消费支出需求，而劳动力需求实际是从消费者对产品或物品的直接需求派生出来的，因此社会保障支付通过影响消费支出需求进一步对劳动力需求产生了影响。

2.2.3　社会保障对劳动关系的影响

劳动关系与社会保障制度会对经济社会的稳定与发展产生直接影响。和谐的劳动关系是保障劳资双方利益的基础，是提高劳动生产率和促进社会经济发展的主要因素。反之，劳资利益的不平衡和劳动关系的不平等则易引发劳资纠纷和冲突，产生不稳定因素。而社会保障制度能够促进和谐劳动关系的建立。企业或雇主为员工提供完善的社会保险，可以增强其心理安全感，从而易对企业产生归属感和责任感，有助于劳资双方建立稳定、融和的劳动关系。现代社会保障制度始建的初衷也就是为了缓和劳资冲突和平息工人运动。此外，完善的社会保障制度能够在相当程度上消除劳动者在不同行业、不同经济类型的企业选择职业的后顾之忧，使劳动关系动态流动型的特点展现得更为充分，同时也进一步优化了劳动关系。①

2.2.4　社会保障覆盖面对劳动力市场的影响

社会保障对劳动力市场的影响还表现在社会保障制度的覆盖面

---

① 樊贵莲. 我国现阶段劳动关系与社会保障制度协调问题研究. 山西财经大学, 2006.

对劳动力市场的影响上。在某些国家,并不是对所有国民采取统一的社会保障制度,而是针对不同的国民采取不同的社会保障制度,甚至某一些国民被覆盖在社会保障范畴之内,而另一些国民却未被覆盖在内。这种"碎片化"的社会保障制度不仅会影响劳动力流动,影响就业总量的增加,而且还会加大劳动力市场的拥挤和失业问题,以及工资差距,影响就业方式的转变。

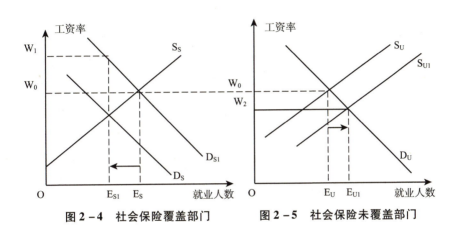

图 2-4 社会保险覆盖部门   图 2-5 社会保险未覆盖部门

如图 2-4 和图 2-5 所示,如果全体国民都被覆盖在社会保障范畴之内的话,那么两个市场(部门)的工资水平应均为 W_0,第一个市场的就业人数是 E_S,第二个市场的就业人数是 E_U。但是现在社会保障制度只覆盖了第一个市场的劳动者,而未覆盖第二个市场上的劳动者。那么,在第一个市场上,被纳入社会保障覆盖范畴之内意味着企业成本的增加,因此在其他条件不变的情况下,企业会缩减劳动力的需求量,导致市场的劳动力需求曲线向左移动,最终第一个市场的就业人数减少至 E_{S1},而被缩减的 $E_S - E_{S1}$ 的劳动力只能流向第二个市场寻找工作,这导致第二个市场的劳动力供给量增加,如图中劳动力供给曲线移动至 S_{U1},在第二个劳动力市场的劳动力需求量不变的情况下，劳动力供给量的增加必然意味着工资水平的下降，因此第二个劳动力市场的工资水平由原来的 W_0 下降至 W_2。

由此，我们可以看出，如果社会保障制度未实现全覆盖的话，社会保障制度的实施会加大劳动者之间的待遇差别，导致更大的不公平，因而社会保障起不到促进公平的功能。而且这种工资差距的加大会导致部分劳动者宁愿以暂时失业的状态滞留在第一个市场以期找到工作而不愿意到第二个市场寻找工作，会加大劳动力市场的失业。

总之，通过以上分析我们可以看出，社会保障制度作为市场经济的重要组成部分，对劳动力市场的供给数量与质量、劳动力市场需求、劳动关系等产生着重要的影响。健全的、完善的社会保障制度可以调节劳动力结构，促进劳动力资源合理配置和劳动力市场的健康运行和发展，否则会阻碍劳动力市场的健康运行和发展。

2.3 劳动力市场对社会保障制度产生影响的理论分析

社会保障制度在对劳动力数量、劳动力质量、劳动力结构等方面产生影响的同时，劳动力资源数量、劳动力资源质量和劳动力资源结构等也会对社会保障制度产生诸多影响。

2.3.1 劳动力资源数量对社会保障的影响

劳动力资源数量对社会保障的影响主要表现在以下几个方面：

1）生育数量对社会保障的影响

（1）生育数量对社会保障缴费的影响。

生育数量对社会保障缴费的影响主要表现在其"代际转移效应"方面：生育数量的增加意味着将来劳动力人数的增加，从而也意味着社会保障的缴费人数的增加，因此社会保障基金来源就越稳定。相反，生育数量越少，社会保障的基金来源就越不稳定。尤其是在实行现收现付的社会保障制度下，随着社会老龄化程度的加深和生育数量的减少，年轻一代的劳动者承担的缴费压力必将越来越大，影响着社会保障制度的可持续发展。

（2）生育数量对社会保障制度支出的影响。

生育数量对社会保障制度支出的影响首先表现在高生育率会致使将来劳动力数量增加，因而需要增加资本以便来维持一定的资本——劳动比。因此，从这个角度看，用于分配的社会保障资金量就会减少。此外生育数量也会对社会保障在养老、医疗等各项社会福利方面的支出，以及在失业、贫困等方面的支出产生影响。人口数量的多少决定每个人所能分配的社会保障量的多少，高出生率必将导致将来老龄人口数量增加，从而导致养老、医疗资源及各项社会福利费用支出的迅速增加。而在经济不景气或劳动力市场处于供给远远大于需求的情况下，高生育率带来的劳动力人数的增加也将大大增加社会就业压力，加大社会保障在失业与贫困方面的支出。

2）劳动就业年龄对社会保障的影响

劳动就业年龄会对劳动力资源数量产生影响，进一步对社会保障产生影响。劳动就业年龄包括起始就业年龄和退休年龄。起始就业年龄过晚意味着缴纳社会保障的时间较晚，不利于国家社会保障资金的积累。而退休年龄过早，一方面意味着劳动年限缩短，另一方面则意味着较长的退休期，不仅加大了现期国家在养老保障方面的支出压力，而且在现收先付制社会保障模式下，这种压力会通过代际转移的形式转嫁给当期的劳动者，因此会加重在职人员的社会保障负担。

2.3.2　劳动力资源质量对社会保障的影响

社会的进步发展程度取决于人的进步发展程度。人口素质的提高不仅客观上支持了一个国家经济社会的发展，而且会大大充实社会保障资源总量。这是因为，一方面劳动力资源质量的提高意味着劳动者缴费能力的增强，有利于社会保障基金额的增多；另一方面，劳动力资源质量的提高意味着其在劳动力市场上的竞争能力较强，其面临失业等各种风险的概率较少，使得社会保障在失业、贫困等方面的支出减少。

2.3.3　劳动力资源结构对社会保障的影响

联合国曾就人口类型做了规定：年龄中位数在 20 岁以下，65 岁及以上年龄人口比重在 4% 以下的人口为年轻型人口；年龄中位数在 20~30 岁，65 岁及以上年龄人口比重在 4%~7% 的人口为成年型人口；年龄中位数在 30 岁以上，65 岁及以上年龄人口比重在 7% 以上或 60 岁以上年龄人口比重在 10% 以上的人口为老年型人口。[①] 当一个国家成年型人口数量相对较多时，意味着一个国家中劳动力资源占总人口的比例相对较大，社会保障缴费人数相对较多，而社会保障资金领取的人数相对较少；而当一个国家的成年型人口相对较少，儿童和老年人口数量相对较多时，意味着社会保障的缴费人数相对减少，因而社会保障基金收入变少，另外领取社会

---

① 苏振芳．社会保障概论．第一版．北京：中国审计出版社，2001：163.

保障的人数却增加，导致社会保障支出总额增加，因此会对社会保障的支出压力提出一定的挑战。

2.3.4　劳动就业对社会保障的影响

1）就业是社会保障运行与发展的物质基础

一方面，社会保障所需资金主要源于就业人员的工薪收入，社会保障规模的大小、水平的高低和覆盖面的宽窄，最终取决于劳动就业人员收入的高低。另一方面，就业率的高低直接影响着社会保障承压能力的强弱。一个社会一定时期内的就业率较高意味着社会保障的缴费人员较多，相应地，社会保障基金因参保人员的缴费而充盈，能够较好地承受各项待遇给付所带来的压力，从而推进社会保障体系良性运行与发展，充分发挥其稳定功能和促进经济、社会生活发展之功能。

2）社会保障是大规模就业的产物

18世纪的欧洲工业革命使生产社会化，就业也向规模化趋势发展。人们纷纷离开土地进入城市和企业务工，导致传统的家庭保障、土地保障的各项功能逐渐弱化；另外，工业化时期劳动方式的转变和机械化程度的提高，使得劳动者面临的社会风险和就业风险不断增加，年老、患病、工伤和失业等各种风险频现，原有的家庭保障已不能帮助参加社会劳动的工作者防御工业社会带来的各类社会风险，因而转向社会寻求相应的保障成为必然。

2.3.5　劳动关系对社会保障的影响

劳动关系是指劳动者与劳动力的使用者（通常是指雇主）在实现劳动的过程中两者之间所建立的一种社会经济利益关系。劳动关系是否和谐会对社会保障的参保情况及其建立和完善等情况有着重要的影响。

1) 明晰、和谐的劳动关系是社会保障制度健康运转的前提

明晰、和谐的劳动关系不仅有利于调动企业为劳动者参加各项社会保险的积极性，也有利于企业为劳动者进行职业培训等人力资本投资，提高劳动者劳动技能从而有利于增加劳动者的收入水平即社会保险缴费基数。因此，明晰、和谐的劳动关系有利于增加社会保障基金来源，增厚社会保障的经济基础，从而提高了社会保障的给付能力和水平，进而推动社会保障制度得以良性运行和发展。

2) 优化的劳动关系可以推动社会保障制度的发展与完善

劳动者与用人单位建立劳动关系后，劳动者本人不但应该依法参加各项社会保险，缴纳各项社会保障费用，而且也要督促用人单位按时足额地为劳动者缴纳各项社会保险费用，即对用人单位缴纳相应的社会保险费用起到了督促作用，这有利于整个社会保障制度的覆盖范围进一步扩大，从而逐步推动社会保障制度的发展与完善。

2.3.6　二元劳动力市场与就业方式多元化对社会保障的影响

劳动力市场二元论将劳动力市场划分为主要劳动力市场和次级劳动力市场两个部分。前者的工作人员工资较高、就业状态稳定、工作环境较好、升迁机会较多；而后者工作人员的工资较低、就业状态不够稳定、工作环境较差、前途渺茫。正规就业人员一般在主要劳动力市场任职，而非正规就业人员一般在次级劳动力市场工作。首先，非正规就业人员的增加，使得其就业和收入状况更加难以掌握，也相应地增加了对其家计状况和就业状况调查的难度，也不利于失业保险、城市低保和就业扶持等保障工作的开展；同时，这类人员的增加对社会保障关系的转移、接续和管理等工作提出了新的挑战。其次，非正规就业人员社会保障权益的缺失也意味着参保和缴费人数的减少，使得现行社会保障制度的基金缺口日趋严重。如果不适时将这一日益庞大的群体有效纳入社会保障制度体系中来，社会保险基金将会随着我国人口老龄化高潮的渐趋临近而逐步陷入更深层次的危机。最后，二元劳动力市场的存在有碍消除贫困和维护社会和谐的目标实现。不同劳动力市场上的就业者享有的社会保障权益不对等，损害了社会保障制度的公平性，影响了社会保障制度稳定功能的发挥，加之庞大的灵活就业群体尚未完全被纳入保障体系之内，这些将使社会成员的贫富差距日益扩大，社会的不稳定因素日益增加。

2.3.7 劳动力市场政策对社会保障的影响

主要表现在积极的劳动力市场政策和消极的劳动力市场政策对社会保障的影响。积极的劳动力市场政策也被称为主动的劳动力市场政策，而消极的劳动力市场政策也被称为被动的劳动力市场政策，两者最大的区别在于：前者采取积极支持和鼓励的方式，如对求职者进行一系列能够提高其劳动技能的职业培训，而后者却注重为劳动者在失业之后提供各种救济金和失业补贴，而不对劳动者进行任何能够提高其劳动技能的职业培训。所以，积极的劳动力市场政策主要表现在注重对劳动力的培训、增加岗位的提供和岗位信息的发布，注重劳动力素质的提高和劳动力和岗位的匹配，其不仅重视就业数量，而且也重视就业质量，这样就会增加社会保障的缴费来源，从长远看也会缩减社会保障的支出，如劳动者通过积极劳动力市场政策，劳动技能得到提高后未来失业的概率会大大降低，因此就可以减少政府在这方面的失业救济支出。

2.4　本章小结

　　本章首先梳理了各学派对社会保障与劳动力市场关系的阐述。综合而言，早期的理论学派对两者的关系的研究只涉及社会保障在为就业提供稳定环境和在维持劳动力再生产方面的作用，直到20世纪30年代经济危机的爆发，凯恩斯需求理论得以出现后，社会保障对就业的积极经济意义开始被人们所关注。尤其是20世纪70年代中后期，随着经济滞胀的出现和西方福利国家"福利病"的显现，人们开始进一步意识到社会保障对于经济发展和就业的负面效应，因而开始对高福利进行抨击，如新自由主义学派。20世纪90年代前后，经济发展速度放缓，贫富差距扩大，人们开始埋怨撒切尔夫人制造了"无法享受养老金的一代人"。于是，第三条道路以试图在国家干预与经济自由之间取得平衡的中间道路学派出现，并提出实施积极的社会福利。综合而言，虽然各学派对有关社会保障与劳动力市场两者的关系认识不同，研究侧重点也有一定的差别，但不同理论学派的研究均说明社会保障和劳动力市场两者存在着非常密切的关系。

　　在对各理论流派对社会保障与劳动力市场关系进行梳理的基础上，本章运用劳动经济学等相关学科的理论模型，系统分析了社会保障制度对劳动力市场的影响和劳动力市场对社会保障制度产生的影响。通过理论分析，我们可以看出，在市场经济下，社会保障和劳动力市场作为现代社会的两个基本问题，两者之间的关系是相互联系、相互影响甚至是相互制约的。可以说，社会保障与劳动力市场是一个不可分割的有机整体。就业是社会财富的源泉，是社会保障存在的基础；社会保障为劳动力市场服务并发挥出其他制度无法代替的功能，设计完善的社会保障制度促进就业，能够促进劳动力市场的良性运行和发展，而促进就业将有力于社会保障制度的建设，从而形成社会保障制度与就业促进的良性循环。反之，不完善的社会保障制度将抑制就业，失业人员的增加将影响社会保障的运行和发展，形成两者的恶性循环。因此，在制度安排和政策实践中，不应当将社会保障政策与劳动力市场政策对立起来或割裂开来，而必须深入理解两者相关关系，将两者视为一个有机的、不可分割的整体，并在两大政策体系之间寻求相互配合和相互协调的有效机制。这不仅有利于健全社会保障制度，而且有利于促进就业的增长，从而推动一国经济的发展和社会的稳定。

3

我国社会保障制度的劳动力
市场扭曲效应分析

从第 2 章的理论分析我们可以看出，社会保障制度的设计会对劳动力市场产生重要影响。因此，我们必须深入地分析我国社会保障制度对劳动力市场所产生的影响，以探寻劳动力市场扭曲效应最小化的社会保障制度改革方向，协调社会保障与劳动力市场之间的关系，推动整体经济的协调发展。

3.1 传统社会保障制度的劳动力
市场扭曲效应分析

3.1.1 我国传统社会保障制度的建立与发展

新中国成立后，政府在大力恢复和发展各项事业的同时，也开始着手建立社会保障事业。1951 年《中华人民共和国劳动保险条例》（简称《劳动保险条例》）的颁布，标志着我国社会保障制度开始建立。但《劳动保险条例》仅适用于有工人职员一百人以上的国营、公私合营、私营及合作社经营的工厂、矿场及其附属单位与业务管理机关，铁路、航运、邮电的各企业单位及附属单位，而不在上述范围内的企业，有关劳动保险事项，由集体合同加以规定。[①]对国家机关、事业单位工作人员，1950 年以前实行供给制[②]。1950年开始，国家在原供给制的基础上，对国家机关和事业单位工作人员在疾病、养老、生育、死亡抚恤等方面专门实施了一系列政策法规。而农村居民，除可以享受灾害救助外，还可以通过集体经济获得疾病等方面的保障。此外，在此时期，也针对城市居民和农村居民分别制定了相应的社会救济制度和社会福利制度，以及针对军人及其家属制定了军人社会保障制度。

十年"文革"期间，我国社会保障事业遭到干扰和破坏。1969年，财政部在其颁发的《关于国营企业财务工作中几项制度的改革意见（草案）》中规定："国家企业一律停止提取劳动保险金，企业的退休职工、长期病号工资和其他劳保开支，改在营业外列支。"由此，劳动保险制度演变为企业保险。1979～1984 年社会保障事业得到恢复和发展，如退休制度等被逐步恢复，另外在有些地区，职工在参加劳保医疗的时候也要自己缴纳一部分费用，但劳动者享有的社会保障待遇仍与其所在的单位紧密结合在一起，企业办保障的局面并没有改变。

3.1.2　传统社会保障制度的劳动力市场扭曲效应分析

新中国社会保障制度的建立和实施，结束了劳动者在旧社会老

①　《中华人民共和国劳动保险条例》. http：//news. xinhuanet. com/ziliao/2004 － 12/17/content_2347271. htm.

②　供给制是指：（1）伙食免费，并按规定享受小灶、中灶、大灶；（2）免费享受服装、棉被等生活用品；（3）有极少的普通津贴费。实行部分供给、部分工资制的（含包干制），可视为供给制。

无所养、病无所医的悲惨命运，对保障人民生活、发展生产和安定社会起到了重要作用。正如马杰、郑秉文教授所说，"计划经济时代的社会保障制度是实行计划经济的必然产物，符合计划经济的制约约束性并为保障计划经济的顺利执行和国内经济社会的发展做出过重要贡献。"（马杰、郑秉文，2005）① 但是，在实践中，计划经济体制下的社会保障制度也暴露出了与我国经济发展水平不相适应，以及制度规定不尽合理、不够完善的问题，并对劳动力市场的运行和发展产生了诸多消极影响。

1）覆盖面狭窄，影响了劳动力流动

在该时期，我国的社会保障制度覆盖范围非常狭窄，主体覆盖人群是国有、集体和机关事业单位职工，其他经济成份中的职工和农民仅能得到很少的社会保障或干脆被排除在这个社会保障体系之外。由于利益导向因素的作用，这必然阻碍劳动者在不同部门之间的合理流动，进一步影响劳动力市场的建立和发展，也造成了我国行业结构的长期不合理。

2）"企业保障"的形式阻碍了劳动力市场的形成

在该时期，社会保障基本上可以说是以企业保障的形式存在的，这种社会保障制度非常不利于劳动力市场的培育与形成。这是因为，劳动者一旦就业，就同时获得了所在单位直接提供的工伤、医疗、养老、住房等各种保障和福利，而一旦失业或离开这家工作单位，不仅失去了工作岗位，与就业紧密结合在一起的一系列社会保障和福利也一并失去，因此导致劳动者对工作单位存在很大的依赖性，在流动时也存在着很大的后顾之忧，影响了劳动力的流动进而也影响了我国劳动力市场的发展。

---

① 徐道稳. 迈向发展型社会政策——中国社会政策转型研究. 第一版. 北京：中国社会科学出版社，2008：93.

3）社会保障管理体制不合理影响了统一劳动力市场的形成

计划经济时期，我国社会保障管理体制采取的是由劳动部、卫生部、民政部、各级工会等多部门分散管理的方式。由于不同部门看问题的出发点、落脚点及利益关系的不一致，使其在实际工作中经常出现决策与管理上的不协调。社会保障事务的多头管理使得不同性质、不同地域、不同身份的劳动者之间实行的社会保险办法各不相同、互不衔接，再加上各方管理的统筹基金独立运行，互不流动、调剂，极大地阻碍了统一社会保障制度的形成，影响了劳动力跨地区、跨行业、跨所有制的流动。①

4）社会保障权利与义务不对称影响了企业和劳动者的工作效率

该时期社会保障制度的主要特点不仅是保障与就业资格的取得存在着紧密关联关系，而且社会保障主要是通过福利形式实现的，与劳动者的就业效率、缴费情况等无关，这种类型的社会保障制度不仅给国家和企业（单位）造成了沉重的负担，而且也助长了个人的依赖和懒惰思想，消弭了人们的进取心和竞争意识，同时也造成了不同企业社会保障的缴费负担不平等，影响了企业的生产效率，对经济发展造成不利影响，最终影响了社会保障制度的可持续发展。

5）社会保障体系不健全无法发挥对劳动力市场的积极作用

传统的劳动就业体制是以"铁饭碗"式的终身就业为特点的，社会上不存在显性的失业人员，因此在计划经济时期的社会保障制度中是没有失业保险这一项目的。而其他社会保险项目，如养老保险、医疗保险、工伤保险等，都是按国家统一规定实施的，显示出简单和刚性的特点，而且多年不变，无法适应社会经济的发展需求。这种制度设计不仅使得社会保障无法充分发挥其各项功能，而

① 李相合．完善社会保障制度　促进劳动力市场发育．内蒙古师范大学学报（哲学社会科学版），1997，6：3.

且也无法发挥其对劳动力市场的积极作用，甚至阻碍了劳动力市场的发育。

3.2　现行社会保障制度的劳动力市场扭曲效应分析

3.2.1　社会保障制度改革的必要性及取得的主要成绩

1）社会保障制度改革的必要性

新中国成立后，我国的社会保障制度是为适应国有经济一统天下的计划经济体制而建立的，与当时的经济和社会状况基本相适应。但随着我国社会主义市场经济体制改革的逐步深入，原先的社会保障制度已不能适应新的体制和形势，改革势在必行。

（1）多种所有制的并存要求改革社会保障制度。

十一届三中全会后，我国以公有制为主体，大力发展多种经济成分，使得我国所有制结构和职工的劳动就业结构也发生相应变化，导致传统的社会保障制度越来越不适应社会的需要。

（2）劳动力的合理流动要求改革社会保障制度。随着市场经济的发展，我国的用工制度由"固定工"向"合同制"转换，这为促进劳动力的流动营造了政策环境，这也进一步要求传统的"单位"保障转变为"社会"保障，以破除单位保障的种种分割和限制。

（3）深化国企改革要求改革社会保障制度。社会主义市场经济体制要求国有企业成为自主经营、自我发展、自负盈亏的市场主体；相应地，需要全面改革原有的各项单位保障制度，推动职工保障的社会化，使企业的社会保障负担趋于合理，以此增强企业活力和市场竞争力，提高经济效益，使其更好地在国民经济中发挥主导作用。

（4）重建社会保障权利、义务关系要求改革社会保障制度。改革开放后，随着社会主义市场经济体制的确立和政府职能的转换，政府、企业和劳动者个人在社会事务中的行为和利益各不相同，原先社会保障制度所主张的责权利关系已完全与市场经济不相适应。因此，在新的社会经济条件下，从重建社会保障体系中各行为主体之间的责权利关系的角度，改革社会保障制度，对政府、企业和社会成员个人在社会保障中的责权利重新明确定位。

2）社会保障制度改革取得的主要成绩

我国的社会保障制度自 20 世纪 80 年代中后期以后进入快速改革时期。1993 年的《中共中央关于建立社会主义市场经济体制若干问题的决定》中明确要求"建立多层次的社会保障体系"，并确认了"社会保障体系包括社会保险、社会救济、社会福利、优抚安置和社会互助、个人储蓄积累保障"，以及"城镇职工养老保险制度和医疗保险制度实行社会统筹和个人账户相结合"等重要内容。此后，我国政府又明确提出了建立社会保障制度的总体目标，即"建立独立于企事业单位之外、资金来源多元化、保障制度规范化、管理服务社会化的社会保障体系"，并相继在养老保险、医疗保险、失业保险、工伤保险、最低生活保障制度等方面出台了一系列的政策措施。经过多年来的努力，我国的社会保障制度建设取得了巨大成就，社会保障的覆盖面不断扩大，保障水平不断提高，社会保障管理体制、法制建设等方面也取得了较大进步。尤其是基于农村社会保障制度明显滞后于城镇、城乡社会保障水平差距较大的现状，近年来我国农村社会保障制度建设得到快速发展。如 2003 年国务院在全国农村启动"新型农村合作医疗"（简称新农合）试点工作（该制度已于 2016 年 1 月与"城镇居民基本医疗保险"制度整合，称为"城乡居民基本医疗保险"制度），2007 年 7 月国务院提出在全国农村建立"农村最低生活保障"（简称低保）制度，2009 年下半年又开始启动"新型农村社会养老保险"（简称新农保）制度试点工作（该制度已于 2014 年 2 月与"城镇居民基本养老保险"制度整合，称为"城乡居民基本养老保险"制度）。目前，无论是农村养老保险制度、医疗保险制度还是农村低保制度，基本已实现全覆盖，基本做到应保尽保。改革以后的我国社会保障制度可以概括为图 3 –1。

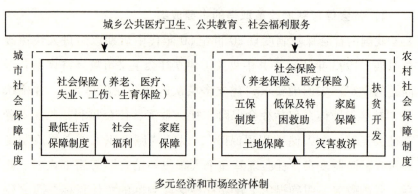

图 3 – 1　现阶段中国社会保障体系

　　总之，经过多年来的社会保障制度改革，传统的企业保障一统天下的格局被打破，我国已逐步建立起以养老、医疗、失业等社会保险为主体，社会救助、社会福利等为补充的与市场体制相适应的具有中国特色的社会保障体系，适应了社会经济的发展需求。但是受改革的循序渐进性和传统体制的路径依赖等因素的影响，我国的社会保障制度仍然存在诸多问题，甚至影响了劳动力市场的健康运行与发展，这些问题亟待解决。

3. 2. 2　现行社会保障制度的劳动力市场扭曲效应分析

1）社会保障制度"碎片化"及低统筹层次影响了劳动力流动

首先，社会保障制度"碎片化"严重影响了劳动力流动。进入20 世纪 90 年代以来，我国社会保障制度进入快速改革和发展时期，改革力度也非常大。为了实现社会保障的公平性，将不同人群纳入社会保障覆盖范围，我国针对不同群体实施了不同类型的社会保障制度。从大制度上划分，我国的社会保障制度大致可以划分为针对农村居民的"农保"、针对城镇企业职工的"城保"，以及针对机关事业单位的"公保"，不同地区的社会保障制度设计有所不同。此外，近些年来随着城镇化和就业方式的多样化，出现了大量的农民工、失地农民、城镇各种灵活就业等人员，在这种情况下，为满足不同群体的参保意愿和要求，许多地方政府纷纷采取变通措施，单独建立了农民工社会保障制度、失地农民社会保障制度、灵活就业人员社会保障制度，甚至单独针对残疾人、计划生育户建立了相应的社会保障制度，中国社会保障制度就逐渐呈现出"碎片化"发展趋势。

2014 年以来，我国也在采取诸多措施来解决社会保障制度的"碎片化"问题，如 2014 年 2 月将"新型农村社会养老保险"（简称"新农保"）制度与"城镇居民基本养老保险"制度进行整合为"城乡居民基本养老保险"制度；2014 年 10 月又将机关事业单位养老保险制度与城镇职工基本社会养老保险制度进行并轨；2016 年 1 月又将"新型农村合作医疗"（简称"新农合"）与"城镇居民基本医疗保险"制度整合为"城乡居民基本医疗保险"制度。这些改革措施虽然在一定程度上解决了社会保障的"碎片化"问题，但离现实需求还有很大的差距。

社会保障制度的"碎片化"不仅会导致社会保障管理成本和道德风险的增加，而且由于各制度、各地区之间的社会保障制度缺乏有效的衔接，劳动力在流动时也会存在很大的障碍，严重影响了劳动力在不同部门、不同地区间的流动，影响了劳动力资源的合理配置，还会影响我国统一劳动力市场的形成。

其次，社会保障统筹层次低，不利于劳动力地区间流动及企业间流动。社会保障统筹范围越大，抵抗风险的能力越强，越有利就业和统一劳动力市场的形成。目前世界各国的社会保险均是全国统筹的，而我国的养老保险直至 2009 年年底才实现了省级统筹，在此以前一直是市级甚至是县级统筹。而养老保险以外的其他保险项目，如医疗保险、失业保险等多数还停留在市级、县级统筹层次上。在统筹层次偏低的情况下，由于各地的社会保障政策不同，不同的政策之间又缺乏有效的衔接，导致了社会保险关系在劳动力流动时难以随之转移，影响了不同地区参保人员在全国范围内的自由流动，不能适应地区之间、多种经济成分之间共同发展的要求，也难以适应建立统一劳动力市场的需要。

2）社会保障覆盖面偏窄影响了劳动者的就业选择和劳动质量的提高

我国社会保障覆盖面偏窄，不仅无法化解劳动者的市场风险，也对劳动力就业选择和劳动质量的提高产生了很大的影响。

第一，我国社会保障覆盖面偏窄影响了劳动者的就业选择。近些年，我国一直在不断采取措施完善社会保障制度以扩大社会保障的覆盖范围，各项社会保险事业也取得了较大成绩，参保人数在逐年增加（见图 3 - 2），但由于在实际操作过程中人们对社会保险的认知程度、参与意识和自我保护能力还远远不够，再加上社会保险制度本身的执行成本高、缴费负担过重等原因的影响，导致相当数量的劳动者尚未纳入社会保障范围。根据《中国社会保险发展年度报告2014》（简称《报告》）显示，至2014年年底，城镇职工基本养老保险参保人数达到34124万人，比上年年底增加1906万人，增长了5.9%；比2009年底增加10574万人，年平均增长7.7%。但是《报告》也显示，企业职工养老保险实际缴费人数占参保职工的比例在下降。2014年，企业缴费人员19431亿，比2013年增加470万人，占参保职工的81.2%，比2013年的占比下降2.8个百分点，比2009年下降6.5个百分点。而据中国社科院世界社保研究中心发布的《中国养老金发展报告2016》显示，虽然城镇职工基本养老保险总参保人数在2015年仍然有所增长，但企业和其他人员的参保人数增速下滑，总参保人数的增速进一步下降。而从各个省份城镇职工基本养老保险制度参保人数看，2015年广东省的参保人数超过5000万人，浙江省则成为第一个参保人数负增长的省份；与2014年相比，2015年绝大部分省份参保人数的增速都有所下降，下降幅度最大的广东，由14.98%下降至5.76%，浙江的下降幅度也比较大，由7.27%下降至－1.72%。

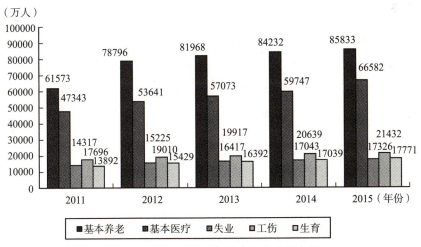

图3－2　2011～2015年社会保险参保人数

　　不仅如此，由于各地经济发展水平差距较大，各地的社会保险参保率也差距明显。以养老保险为例，根据《中国社会保障发展指数报告 2012》数据显示，全国城乡养老保险参保率虽然明显提高，由 2010 年的 39% 升至 2011 年的 59.26%，但各省区市间差距明显，最高的北京市为 97.18%，而广西、吉林、四川三地的覆盖率均不足 40%，其中广西最低，仅为 29.05%。[①]

　　此外，社会保障参保率不仅在各省际之间有较大差距，在不同性质的单位之间参保情况也差距明显。据中国社科院 2008 年的"中国社会状况综合调查"（GSS2008，CASS）数据显示，公有制单位和三资企业比其他非公有制单位的参保率要高得多。在城镇养老保险方面，国有企业和集体企业单位的城镇养老保险的覆盖率都在60% ~ 80%，三资企业也接近 60%，而私营企业就业人员的享有比例只有 33%，个体机构和没有固定单位的人员享有的比例更低，仅为 17% 左右。在医疗保险方面，国有及国有控股企业、集体企业和三资企业的员工，主要以参加城镇职工医疗保险为主，其参保率分别为 69%、47.8%、43.0%；私营企业、民办非企业单位的员工和个体工商户，则以参加农村新型合作医疗为主，特别是个体工商户，其参加"新农合"的比例超过 50%，参加城镇职工医疗保险的仅有 5.4%，另外还有 12.5% 的人参加城镇居民医疗保险（见图3 - 3）。[②] 而在失业保险方面，不同性质的单位其职工参加失业保险的情况也有所不同（见图 3 - 4）。

---

　　① 各省养老保险参保率差距明显．http：//news. xinhuanet. com/2013 - 11/07/c_118051915. htm.

　　② 我国城乡居民社会保障状况调查　社保体系框架基本形成．http：//www. szhrss. gov. cn/xwdt/201103/t20110325_1646238. htm.

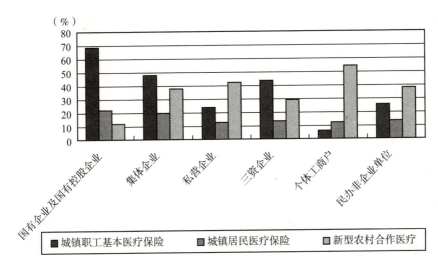

图3-3 不同性质单位人员参加医疗保险情况

资料来源：我国城乡居民社会保障状况调查 社保体系框架基本形成. http://www. szhrss. gov. cn/xwdt/201103/t20110325_1646238. htm。

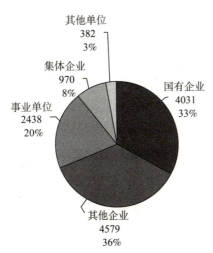

图3-4 不同性质单位人员参加失业保险情况

资料来源：胡晓义主编. 走向和谐：中国社会保障发展60年. 北京：中国劳动社会保障出版社，2009：311。

　　由此可见，我国一般表现为国有经济部门参加社会保障积极性较高，而非国有经济部门参加社会保障的积极性较低，这不仅难以实现社会保障的公平性，也阻碍了劳动力资源在城乡之间、不同地区之间、不同部门之间的互动配置，同时也导致不同性质的单位其缴费负担不平等和其职工所享受的福利待遇水平的不平等，致使劳动者在进行就业选择时过多地考虑房子、医疗、劳保等各种福利条件。

　　第二，社会保障覆盖面偏窄，也对劳动力质量的提高，尤其是农村劳动力质量的提高产生了很大的消极影响。在城镇，包括养老保险在内的社会保障制度比较完善，消除了城镇职工在进行人力资本投资时的后顾之忧，因此有更多精力和财力进行自身和下一代的人力资本投资。而在农村，由于社会保障制度的缺失，使得传统的"养儿防老"机制具有很大的诱惑力，这种过度重视子女数量的做法在经济不发达的情况下会影响每个孩子所获得的人力资本投资，从而降低了孩子的人力资本质量。统计资料显示，目前我国城市人口平均受教育年限已达13年，而农村人口平均受教育年限还不足7年，相差足足近一倍。另外，据第六次全国人口普查数据显示，我国只有8%的农村劳动力获得了中高等教育，而城市中受中高等教育的人口则达到37%。

　　农村劳动力素质偏低，使得农民只能从事简单的传统种植业，而无法依靠科技种植，收入偏低；而进城务工时更无法适应现代企业对劳动者技能的要求，也只能从事简单、繁重的体力活或低技能技术活，就业环境差，工资水平偏低，阻碍了农村劳动力的转移就业和农村工业化，导致农村收入长期处于低水平。而农村收入的低水平又会通过影响内需影响经济的发展并进一步影响全国的就业。

3）社会保障待遇不公平影响了劳动者的就业选择和就业总量的增加

　　首先，城乡之间社会保障待遇水平差距一直较大。长期以来我国的社会保障制度在实施过程中一直重视城镇社会保障事业的发展而忽视了农村社会保障事业的发展，导致农村社会成员享受的社会保障水平较城镇社会成员相比有很大的差距。从表 3 - 1 我们可以看出，20 世纪末至 21 世纪初期，随着我国城镇社会保障事业的大力发展，城镇居民所享受的社会保障水平远远高于农村居民所享受的社会保障水平，两者之间的差距从 20 世纪 90 年代初期的 49 倍扩大至 21 世纪初期的 100 倍左右。

表 3 - 1　　　　　　1991 ~ 2001 年中国城乡社会保障水平比较

年份	城市社会保障水平（％）	城市人均社会保障支出（元）	农村社会保障水平（％）	农村人均社会保障支出（元）
1991	13.30	250	0.27	5.1
1992	14.52	332	0.21	4.7
1993	14.87	437	0.17	4.9
1994	14.78	580	0.15	5.7
1995	14.63	710	0.15	7.4
1996	14.38	802	0.17	9.5
1997	14.64	890	0.16	9.8
1998	15.44	987	0.18	11.2
1999	17.42	1141	0.16	10.5
2000	17.39	1230	0.16	11.4
2001	17.30	1324	0.17	13.2

　　数据来源：杨翠迎. 中国社会保障制度的城乡差异及统筹改革思路. 浙江大学学报（人文社会科学版），2004，3：15.

　　虽然近年来我国一直在加大对农村社会保障事业的投入力度，如 2003 年开始在农村试点新型农村合作医疗制度，2007 年开始在农村推行农村最低生活保障制度，2009 年在农村地区试点新型农村社会养老保险制度，但由于各项农村社会保障制度在实施过程中一直是本着"低水平、广覆盖"的原则，因此城乡社会保障待遇差距并没有得到明显的缩小，相对城市而言农村社会保障依然存在着项目不全、覆盖面狭窄、保障水平低、社会化程度低等一系列问题。根据中国社科院发布的 2014 年《社会蓝皮书》中显示：以养老保险为例，目前城镇基本养老保险和新农保的参保率分别呈上升趋势，其中城镇职工人均养老金水平已达 2.09 万元，新农保（现改称为城乡居民基本养老保险）为 859.15 元，两者养老金水平相差 24 倍之多。从平均水平来看，目前我国新型农村社会养老保险的养老金中位数为每年 720 元，而城镇及其他居民养老保险的养老金中位数为每年 1200 元，前者仅及后者的 60%。同时，靠离退休金生活的城镇老年人占全部城镇老年人的比重为 66.7% 左右，而靠养老金生活的农村老年人占全部农村老年人的比重只有 4.6%。① 农村低水平的社会保障无法吸引城市劳动力，尤其是高素质的劳动力，制约着农村经济社会的快速发展。

其次，不同部门间社会保障待遇差距较大。2014 年以前，我国企业与机关、事业单位实行不同养老保障制度，导致企业退休职工与机关、事业单位退休干部职工退休金保障标准差别巨大。据国家统计局数据显示，1999~2008 年以来行政企事业单位的养老金领取水平尽管都有所提高，但行政事业单位还是高于企业，是企业的 1.45~1.83 倍。2014 年 10 月我国实行养老保险制度并轨，即将机关事业单位职工纳入到城镇职工基本社会养老保险制度范畴，从目前政策设计来看，这种并轨仅仅是制度的并轨，而不是养老金水平的并轨，即机关事业单位人员与城镇企业职工的养老金差距仍没有

---

① 城乡人均养老金水平相差 24 倍　社会保障体系建设滞后. http：//www.ahtv.cn/c/2014/0123/00209075_all. html.

得到有效解决。不同部门间社会保障待遇差距较大导致劳动者在就业选择或流动时愿意选择社保待遇较高的部门。由中国人民大学劳动人事学院参与的大学生就业意愿调查显示，有35.4%愿意去党政机关、18.9%选择去国有事业单位、17.8%选择去教学科研单位、13.6%选择国有企业、15%选择外资企业，只有1.3%选择去私营企业。①

最后，由于经济发展水平等因素的影响，不同地区的社会保障待遇水平差距也较大。根据区域经济理论，本书将我国分为东部、中部和西部三个地区进行分析（见表3-2、表3-3和表3-4）。其中，东部地区包括：北京市、天津市、河北省、上海市、江苏省、浙江省、福建省、山东省、广东省、海南省、辽宁省。中部地区包括：山西省、安徽省、江西省、河南省、湖北省、湖南省、吉林省、黑龙江省。西部地区包括：内蒙古自治区、广西壮族自治区、重庆市、四川省、贵州省、云南省、西藏自治区、陕西省、甘肃省、宁夏回族自治区、青海省、新疆维吾尔自治区。

表3-2   2015年东部各省份社会保障水平

省份	社会保障支出（亿元）	地区生产总值（亿元）	社会保障水平（%）
上海市	543.16	24964.99	2.176
海南省	174.77	3702.80	4.720
北京市	700.48	22968.60	3.050
辽宁省	995.10	28700.00	3.467
天津市	314.77	16538.19	1.903
河北省	763.68	29806.10	2.562
山东省	904.64	63002.30	1.436

① 刘晓英. 我国社会保障制度对就业的影响. 发展研究，2009，10：37.

续表

省份	社会保障支出（亿元）	地区生产总值（亿元）	社会保障水平（%）
江苏省	838.06	70116.40	1.195
浙江省	541.70	42886.00	1.263
广东省	1064.91	72812.55	1.463
福建省	341.77	25979.82	1.316

数据来源：《中国统计年鉴 2016》。

表 3 - 3　　　　　　　**2015 年我国中部各省份社会保障水平**

省份	社会保障支出（亿元）	地区生产总值（亿元）	社会保障水平（%）
黑龙江省	728.73	15083.70	4.831
山西省	533.45	12802.58	4.167
吉林省	462.28	14274.11	3.243
湖北省	858.70	29550.19	2.906
安徽省	691.54	22005.60	3.143
湖南省	781.79	29047.20	2.691
江西省	510.18	16723.80	3.051
河南省	945.83	37010.25	2.556

数据来源：《中国统计年鉴 2016》。

表 3 - 4　　　　　　　**2015 年我国西部各省份社会保障水平**

省份	社会保障支出（亿元）	地区生产总值（亿元）	社会保障水平（%）
青海省	189.34	2417.05	7.834
西藏自治区	103.00	1026.39	10.035
甘肃省	421.31	6790.32	6.205
新疆维吾尔自治区	371.90	9324.80	3.988
四川省	1111.75	30103.10	3.693

续表

省份	社会保障支出 （亿元）	地区生产总值 （亿元）	社会保障水平 （%）
重庆市	569.63	15719.72	3.624
宁夏回族自治区	146.23	2911.77	5.022
云南省	648.69	13717.88	4.729
贵州省	340.33	10502.56	3.240
陕西省	631.99	18171.86	3.478
内蒙古自治区	605.26	18032.79	3.356
广西壮族自治区	460.63	16803.12	2.741

数据来源：《中国统计年鉴2016》。

从表3-2、表3-3和表3-4数据可知，我国东部各省份社会保障水平的分布范围在1.195%~4.720%，中部各省份社会保障水平的分布范围在2.556%~4.831%，西部各省份社会保障水平的分布范围在2.741%~10.035%。由此可以看出，西部地区社会保障水平与中部和东部地区社会保障水平差距较明显，这其中有自然、历史的原因，也有因国家财政的支持力度不同等原因。

总之，我国城乡之间、不同部门、不同地区间的社会保障待遇间的较大差距，阻碍了劳动者在城乡之间、不同地区和不同部分之间的合理流动，影响了劳动力资源的合理配置和就业多渠道、多样化的发展，不利于社会就业总量的增加。

4）社会保障缴费率偏高影响了劳动力需求总量的增加和劳动关系的和谐

以养老保险制度为例，我国20世纪90年代进行的城镇职工基本社会养老保险制度的改革，是在传统劳动保险制度基础上进行的。因此基本养老保险制度的替代率较高，再加上1997年养老保险制度转轨的成本即历史债务问题尚未妥善解决，导致企业和劳动者承担着双重缴费负担，即既要承担着这一代年轻人的养老问题，又要承担着上一代年老人的养老问题，最终导致相当数量的用人单位，尤其是中小企业抱怨劳动力成本过高。目前，世界各国企业缴纳的基本养老保险费率一般为10%，国际警戒线为20%。① 由于我国社会保障的历史责任与现实责任没有明确界定，导致企业负担过重，目前由企业缴纳的基本养老保险费率已达20%，甚至在许多老工业城市更高，已经接近或超过国际警戒线。按照世界银行2009年最新测算的实际承受税率，我国五项社会保险的法定缴费比例之和已达到40%，有的地区甚至达到50%，这一缴费比例在181个实施社会保障制度的国家中排名第一，是北欧五国的3倍，是G7国家的2.8倍，是东亚邻国和邻近地区（中国香港和中国台湾）的4.6倍。②

过高的社会保障缴费，其直接后果是：

第一，企业故意逃避参保，影响劳动关系的和谐。社会保障缴费率偏高对社会保险扩面及社会保险费征缴形成障碍，导致某些企业因主观或客观原因拒缴或欠缴、少缴社会保障费用，陷入"缴费比例愈高—欠费愈严重—比例愈要再提高"的恶性循环之中，最终损害了劳动者的权益，影响了劳动关系的和谐。

第二，企业减少对劳动力的需求，影响就业总量的增加。社会保险缴费直接构成了劳动力的成本，社会保险缴费水平提高意味着企业用工成本的大量增加，最终影响企业的盈利水平，其结果可能会使企业以各种方式逃避参保，或者用资本代替劳动力，导致劳动

① 中国养老金制度存在的缺陷及政策建议 . http：//news. xinhuanet. com/theory/2008 -
02/03/content_7553088. htm.
② 研究称中国社保缴费比例居全球第一　占工资四成 . http：//www. dahe. cn/xwzx/
gn/t20100311_1760978. htm.

力需求量减少。中国社会保障制度转轨以来，社会保险基金收入、用人单位缴费率同失业人数的变化也验证了这一点（见表3-5）。

表 3 - 5   1997 ~ 2015 年社会保险基金收入、
                   实际缴费率、年末登记失业人数情况

年份	社会保险基金收入（亿元）	工资总额（亿元）	实际缴费率（%）	年末登记失业人数（万人）
1997	1458.2	9602.4	15.19	576.8
1998	1623.1	9540.2	17.01	571.0
1999	2211.8	10155.9	21.78	575.0
2000	2644.9	10954.7	24.14	595.0
2001	3101.9	12205.4	25.41	681.0
2002	4048.7	13638.1	29.69	770.0
2003	4882.9	15329.6	31.85	800.0
2004	5780.3	17615.0	32.81	827.0
2005	6975.2	20627.1	33.82	839.0
2006	8643.2	24262.3	35.62	847.0
2007	10812.3	29471.5	36.69	830.0
2008	13696.1	35289.5	38.81	886.0
2009	16115.6	40288.2	40.00	921.0
2010	19276.1	47269.9	40.78	908
2011	25153.3	59954.7	41.95	922
2012	30738.8	70914.2	43.35	917
2013	35252.9	93064.3	37.88	926
2014	39827.7	102817.2	38.74	952
2015	46012.1	112007.8	41.08	966

资料来源：《中国统计年鉴2016》。

通过对表 3 - 5 中的数据进行分析，我们可以得出以下两个结论：

一是社会保险基金收入额同失业人数之间属于正相关关系。1997 ~ 2015 年社会保险基金收入增加 44553.9 亿元，失业人数增加 389.2 万人，平均社会保险基金收入额每增加 1 亿元，失业人数就增加 87.35 人左右，当然这里的失业人数还仅仅只是指城镇登记失业人数，如果统计劳动力市场的全部失业人数的话，平均社会保险基金收入额增加 1 亿元伴随的失业人数增加额会更多。

二是社会保险实际费率与失业人数二者之间也存在正相关关系。1997 ~ 2015 年，社会保险实际费率上升了 25.89 个百分点，失业人数增加了 389.2 万人，意味着社会保险缴费率每提高 1 个百分点，失业人数就平均增加 15.03 万人。上述分析在一定程度上揭示了社会保险费率上升、劳动成本升高、失业人数增加之间的逻辑联系。

5）社会保障的权利与义务不对称影响了劳动力市场供给

首先，在养老保险方面，主要表现为：相对于劳动者在退休之后享受的养老保险年限和劳动者在职年限而言，劳动者在职时的缴费年限偏短。从国外情况看，不同国家对缴费年限的规定不尽一致。比较宽松的国家只有 10 ~ 15 年；但许多发达国家都规定了较长的缴费年限，如英国规定缴费年限为 40 年，法国规定缴费年限为 39 年。而按照我国目前的养老保险政策相关规定，享受基本社会养老保险的法定最低缴费年限是 15 年，而且男性满 60 周岁，女工人满 50 周岁，女干部满 55 周岁即达到领取城镇职工基本养老保险金的年龄了（需要说明的是：根据 2015 年 3 月出台的《关于机关事业单位县处级女干部和具有高级职称的女性专业技术人员退休年龄问题的通知》中要求，党政机关、人民团队中的正、副县处级及相应职务层次的女干部，事业单位中担任党务、行政管理工作的相当于正、副处级的女干部和具有高级职称的女性专业技术人员，年满 60 周岁退休。但《通知》中也指出，上述女干部和具有高级职称的女性专业技术人员如本人申请，可以在年满55周岁时自愿退休。也就是说，这些女性在55周岁时选择退休并领取城镇职工基本养老保险金）。我们按照目前法定最低就业年龄16周岁，硕士学制3年，博士学制3年来推算的话，劳动力的可能就业年龄段（如图3－5（1）、图3－5（2）、图3－5（3）、图3－5（4）所示）：男性为32～44年，女干部和具有高级职称的女性专业技术人员为27～39年（选择55周岁退休）或32～44年（选择60周岁退休），女工人为22～34年。养老保险的缴费年限规定相对偏短，容易导致劳动者提前退出劳动力市场或提前结束社会保障缴费，在现收现付制下会增加当期在职劳动者和企业的缴费负担，对就业产生不利影响。此外，按照国务院新闻办公室发表的《中国健康事业的发展与人权进步》白皮书显示，2016年中国的人均寿命为76.5岁。这也意味着男性退休后平均可领取16.5年的养老金，女干部和具有高级职称的女性专业技术人员若选择60周岁退休的话可领取16.5年养老金，若选择55周岁退休的话可领取21.5年的养老金，而女工人退休后平均可领取26.5年的养老金。在我国目前部分积累制的养老保险政策设计下，老年人领取的时间越长意味着年轻一代的缴费压力就越大，而且法定缴费年限越低的话意味着缴费负担平摊的时间越短，缴费期间的负担就会越重，这对企业扩大劳动力需求和劳动者提供劳动力供给很不利。

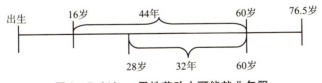

图3－5（1）　男性劳动力可能就业年限

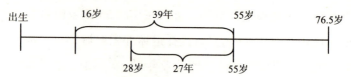

图3－5（2）　　女干部和具有高级职称的女性专业技术人员

可能就业年限（选择55周岁退休）

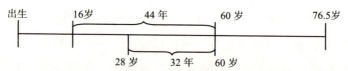

图3－5（3）　　女干部和具有高级职称的女性专业技术人员

可能就业年限（选择60周岁退休）

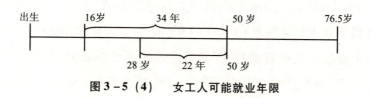

图3－5（4）　　女工人可能就业年限

其次，在失业保险金领取方面，按照我国现行失业保险政策规定：投保人累计缴费时间满1年不满5年的，最多可领取12个月失业保险金；投保人累计缴费时间满5年不满10年的，最多可领取18个月失业保险金；投保人累计缴费时间满10年以上的，最多可领取24个月失业保险金。即在我国，失业保险金的领取期限跟缴费期限相挂钩，投保人最长领取期限为24个月。而在已经建立了失业保险制度的国家，50%以上的国家最长支付时间不超过28周，仅有20%的国家最长支付时间超过56周。① 许多学者对欧洲国家的失业

---

①　朱忠祥. 我国社会保障和就业互动中存在的问题及对策分析. 商场现代化，2007，11：365.

率的研究表明，高失业率与其较高的失业保障水平和较长的失业保障时间有关。因此，我国失业保障金领取时间偏长，这有可能会助长失业者的懒惰思想，增加劳动力职业搜寻时间。

最后，在最低生活保障制度方面，其某些制度设计也影响了低保对象的工作积极性，进而影响了劳动力的供给。主要表现在：（1）低保制度规定中权利与义务的脱节。依据《城市居民最低生活保障条例》（简称《条例》）的规定："在就业年龄内有劳动能力但尚未就业的城市居民，在享受城市居民最低生活保障待遇期间，应当参加其所在的居民委员会组织的公益性社区服务劳动"。但《条例》当中并没有规定对不参加公益性劳动的低保对象该如何处置，导致在实践中许多低保对象只注重低保金的领取，而忽视了履行劳动的义务。（2）目前低保制度在领取水平方面的"差额补助法"设计也抑制了有劳动能力的低保者就业积极性。按照目前低保政策规定，对无生活来源、无劳动能力又无法定赡养人、扶养人或者抚养人的城市居民，批准其按照当地城市居民最低生活保障标准全额享受；对尚有一定收入的城市居民，批准其按照家庭人均收入低于当地城市居民最低生活保障标准的差额享受。这意味着有劳动能力的低保人员就业后收入增加 1 元即意味着其领取的低保金减少 1 元。但对其而言，通过就业获得的 1 元意味着要付出自己的劳动，所付出的代价相对较大，而领取低保 1 元几乎无需付出任何代价，两者相比较，很多人就会选择后者，这就容易削弱有劳动能力的低保对象寻找工作的积极性。

6）社会保障制度设计影响了就业方式多样化

我国自 20 世纪 80 年代以来，伴随着世界各国灵活就业呈现出的蓬勃发展势头，就业格局也随之发生重大变化，灵活就业已日益成为我国重要的就业形式。所谓灵活就业，也被称为非正规就业、非正规部门就业，主要是指"在劳动时间、收入报酬、工作场地、社会保险、劳动关系等几个方面不同于建立在工业化和现代化工厂制度基础上的、传统的主流就业方式的各种就业形式的总称"。① 我国劳动科学研究所联合国际劳工组织（ILO）曾共同对中国的灵活就业问题进行过研究，最终认为灵活就业定义不但应涵盖工作性质和劳动关系两个方面，还应包括反映工作性质的因素，如就业性质、组织方式等（见表 3 – 6）。

表 3 – 6　　劳动科学研究所与国际劳工组织关于灵活就业概念的界定

经营或劳动目的	满足生存需要的就业
法律政策监管情况	企业或其雇员没有依法进行登记注册，因而不受到法律保护
雇员状况	对于自谋职业者，其雇员人数暂定低于 7 人
从业稳定性	短期性、季节性
劳动时间及报酬	低于法定工作时间，低于当地最低工资标准并高于城镇居民最低生活保障标准
社会保障	自己购买
政府政策	优惠政策扶持

资料来源：劳动保障部劳动科学研究所课题组. 中国灵活就业基本问题研究. 中国行政管理，2010（10）.

灵活就业涵盖的领域十分广泛，大致可分为三大类型：第一类是在劳动标准方面（包括劳动条件、工时、工资、保险，以及福利待遇等）、生产的组织和管理方面，以及劳动关系协调运作方面达不到具有现代化大生产特征的企业标准的用工和就业形式，主要是指在除小型高科技企业外的小型企业、家庭作坊的就业，即非正规部门的就业者，以及大中型企业雇用的、在劳动标准及就业稳定性

---

① 劳动和社会保障部劳动科学研究所课题组. 灵活就业群体社会保险研究报告. http：//www. social-policy. info/959. htm.

方面有别于正式职工的各类灵活就业人员，包括临时工、季节工、承包工、劳务工、小时工、派遣工等。第二类是由于科技和新兴产业的发展、现代企业组织管理和经营方式的变革引起就业方式的变革而产生的灵活就业方式，如目前发达国家广泛流行的非全日制就业、阶段性就业、远程就业、兼职就业，产品直销员、保险推销员等就属于这种情况。第三类是独立于单位就业之外的就业形式，包括：自雇型就业，主要是个体经营和合伙经营者；自主就业，即自由职业者，如律师、作家、自由撰稿人、翻译工作者、中介服务工作者等；独立服务型就业，如家庭小时工、街头小贩、待命就业人员和其他类型的打零工者。按照目前世界上通用的概念，第三大类中的后两类也可以划入非正规部门就业。

从世界范围看，灵活就业目前已成为重要的就业方式。在发达国家，相关比例早已在30%以上，如果考虑自营就业、兼职就业、远程就业等形式，灵活就业的比例可达50%左右。[①] 近年来的国内外实践经验表明，灵活就业已成为国际社会在解决就业问题实践过程中积累的一条重要经验和缓解我国严峻就业压力的重要渠道。

相对于正规就业人员而言，非正规就业人员（灵活就业人员）主要集中在商贸零售业、餐饮酒店业和居民服务业，从事的主要是基础性岗位和辅助性岗位，因此收入普遍偏低，更需要得到社会保障的保护。然而，我国现行的社会保障制度设计主要是针对正规就业方式设计的，很多设计并不能满足灵活就业的需要，因而导致很多灵活就业人员无法参保或无力参保，从而被排除在社会保障制度的保护之外，这对劳动者选择灵活就业方式和我国劳动力市场的就业方式的多样化发展非常不利。

社会保障制度的设计抑制灵活就业方式的发展主要表现在以下

---

① 李莹. 当前社会保障制度与劳动力就业关系研究. 山东经济，2006，11：17.

几个方面：一是参保门槛过高导致很多灵活就业人员无力参保。以养老保险为例，按照目前我国的养老保险政策规定，对于有工作单位的职工而言，其养老保险缴费由企业和职工个人共同承担，其中企业缴费基数为上年度企业职工工资总额，缴费比例为20%左右，资金进入社会统筹账户，职工个人缴费基数为上年度职工个人工资总额，缴费比例为8%，资金进入个人账户；而对于没有正规工作的人员则可以按照灵活就业人员身份来参保缴费，缴费基数统一为当地上年度在岗职工平均工资，缴费比例统一为20%，全部由参保人自己缴纳，其中12%进入社会统筹账户，8%进入个人账户。但实际上有很多灵活就业人员属于低收入群体，他们的收入在扣除了个人和家庭的基本生活开支之外，所剩无几或收入压根不够生活基本开支，因此即使政府出台了相关的灵活就业人员参保政策，他们也因缴不起费而无力参保。以北京市为例，2017年北京市灵活就业人员的参保缴费基数是2016年的在岗职工平均工资6463元，缴费比例是20%，即意味着灵活就业人员每月需缴纳基本养老保险费就达到1292.6元，这还不包括他们要缴纳的失业保险、医疗保险等。二是现行的社会保障政策也不利于激励灵活就业人员参保，主要出现在缴费基数的高低与养老金领取水平相脱节。目前，我国大多数地方的社会保障政策都规定，灵活就业人员参加基本养老保险的时候可以在上年度社会平均工资的60%~300%自主选择缴费基数。从制度设计来看，由于缴费基数选择的高低与将来领取的养老金水平并无任何联系，导致很多灵活就业人员都选择最低的缴费基数。而且，由于目前社会保障政策规定，缴费满15年即有资格领取养老金，这就导致很多年轻人认为自己离退休还很遥远，待退休前15年再缴费也不迟。中国保险行业协会、人社部社会保障研究所等五家机构发布的《2015中国职工养老储备指数大中城市报告》曾表示，基本养老保险未覆盖人群主要集中于30岁以下的年轻职工，比例高达 20.1% ，也就是说，这个年龄段每 5 个人就有 1 个没有参加基本养老保险；而这一年龄段未参保人数占全部年龄段未参保人数的 70.9% 。三是人力资源和社会保障部门对灵活就业人员的就业单位也缺乏必要的约束机制。为追求利润最大化，很多雇佣灵活就业人员的企业总是想方设法地逃避为劳动者缴纳各种社会保险费用的义务，而由于就业压力的影响再加上自身知识水平的限制，很多灵活就业人员也不敢或不知道依法维护自己的切身利益。四是现行的社保制度仍是基于正规就业的框架设计，对于灵活就业形态缺乏规范管理，很多地区对灵活就业参保者仍然有户籍限制，而且制度流动性也不好，导致年轻人一旦离开一个城市就会"断保"。

总之，我国现行的这种在计费年限、缴费办法、待遇享受等方面都是基于传统的正规单位设计的社会保障制度，已无法适应目前劳动力市场上就业方式多样化的要求。这一方面使得大量的灵活就业人员被排除在社会保障范畴之外，存在着退出劳动力市场后的养老、医疗等问题的后顾之忧；另一方面，非正规就业部门的社会保障机制不完善，使得劳动者在寻找工作时不愿进入非正规就业市场，而是都集中在正规就业市场，导致正规就业市场劳动力供需严重不平衡，这不仅影响了劳动力流动和就业总量的增加，而且由于非正规就业的劳动者无法享有社会保障权益，造成了不同劳动力市场上劳动者的不平等的地位，使双方实际上无法进行公平竞争，阻碍了竞争性劳动力市场的形成。

7）社会保障制度影响了人力资本投资的增加

劳动者人力资本含量的增加对其实现尽快就业和提升就业效率起着至关重要的作用。但我国目前的社会保障制度过多于注重"事后补救"功能，忽视了社会保障的预防功能和人力资本投资功能。

首先，在医疗保险方面，一直存在着"重治疗轻预防"的误区。但实际上，对疾病进行早期预防和早期诊断是提升社会成员健康水平的最佳方式。而且疾病早期预防早期诊断具有可观的投资效益。根据世界卫生组织的测算，2015 年中国因心脏病、中风、糖尿病死亡而损失 1318 亿美元，约占当年预计 GDP 的 1%。如果其中的 80% 能够得到预防，中国将减少 1054.4 亿美元的损失。[①] 但我国目前无论是在城镇医疗保险方面，还是在农村医疗保险方面，基金主要用来支付重大疾病或住院费用的补偿。这种"保大病"的定位容易导致"重医疗、轻预防"的结果。这不仅加剧了医疗保险基金的支出，而且从提升人力资本含量，促进人力资本开发角度来讲也是非常不利的。

其次，在失业保险方面。目前我国失业保险偏重于对劳动者在失业之后的生活补偿，而忽视了预防失业和促进失业者再就业功能的发挥。近年来许多国家均对失业保险制度进行了改革，从各国的失业保险制度改革情况看，改革后的失业保险制度功能均已逐步从原来的生活保障转化为就业保障。但在我国，目前适用的仍然是 1999 年颁布的《失业保险条例》，而该失业保险制度的出台背景主要是基于当时大规模的职工下岗失业，因此其功能定位主要是保障失业人员在失业后的基本生活，而在促进就业方面的资金支出只有职业培训和职业介绍两项补贴，导致失业保险制度的预防失业和促进就业的功能无法发挥出来。在实践中的直接体现就是最近几年我国失业人数在相对增加的同时，却存在大量的失业保险基金结余。从表 3 - 7 和图 3 - 6 我们可以看出，失业保险基金结余额增长速度非常快，2010 年结余额仅 1749.8 亿元，但到了 2015 年已经达到 5083.0 亿元。之所以出现如此大量的基金结余，除了失业保险制度覆盖面窄、保障水平低等原因外，还有一个重要的原因就是对基金

---

① 首都社会经济发展研究所课题组. 民生策论：转变医疗模式政策研究. 北京日报，2008 - 7 - 7.

支出方向限定过窄。这不仅在一定程度上会导致失业者失业时间的延长，失业率居高不下，也导致失业者劳动技能无法得到有效提高，不仅使得失业保险基金的负担加重，不利于失业保险制度的自身可持续发展，也不利于我国经济的发展。另一方面也导致用人单位只有参保缴费的义务，却不能从失业保险制度中受益，不利于调动用人单位的参保积极性。

表 3 - 7 　　　　　1995 ~ 2015 年失业保险基金收入、
支出与累计结余额情况　　　　　单位：亿元

年份	基金收入额	基金支出额	基金累计结余额
1995	35.3	18.9	68.4
2000	160.4	123.4	195.9
2005	340.3	206.9	519
2006	402.4	198	724.8
2007	471.7	217.6	979.1
2008	585.1	253.5	1310.1
2009	580.4	366.8	1523.6
2010	649.8	423.3	1749.8
2011	923.1	432.8	2240.2
2012	1138.9	450.6	2929.0
2013	1288.9	531.6	3685.9
2014	1379.8	614.7	4451.5
2015	1367.8	736.4	5083.0

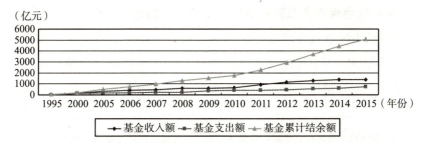

图 3 - 6　1995 ~ 2015 年失业保险基金收入、支出与累计结余额情况

再次，我国社会保障制度的不完善和社会保障水平的低下，使得劳动者的养老、就医等各种后顾之忧无法得以有效解决，因此对未来的支出预期增大，在收入水平一定的情况下，必将减少在教育、技能培训等方面的投入，影响了人力资本质量的提高。尤其是我国现行社会保障缴费负担过重，导致劳动者要从工资中拿出相当一部分用于缴纳各项社会保障费用，导致劳动者用于人力资本投资方面的支出减少。

最后，目前的社会保障环境制约了企业对人力资本的投资与开发。在知识经济时代需要不断对人力资本进行投资与开发，提高人力资本质量。而人力资本投资主体除了劳动者本人外，企业也是重要的投资主体。企业对劳动者在教育、职业培训等方面的投资是人力资本投资的重要形式，而且这种投资形式对个人和企业都是十分有益的。然而，受社会保障环境的约束，目前我国企业对人力资本进行投资的动力不足。主要原因在于：第一，社会保障缴费负担过重。由于企业的缴费负担过重，为追求更多利润，企业不仅不愿意多招收劳动力，而且可能无意或无力对职工进行教育、培训等方面的人力资本投资。第二，由于目前我国社会保障制度存在着部门、地区等方面的分割，对劳动力流动产生着负面影响，从而使企业对职工进行人力资本投资的机会成本增大，制约了企业对人力资本的投资与开发。①

8）社会保险关系转移难影响了劳动力的合理流动

劳动力能够自由流动不仅有利于促进劳动力市场就业、促进劳动关系和谐，而且劳动力在不同地区、行业、企业之间的合理流动还可以调剂各地区、行业、企业之间的劳动力资源的余缺，尽可能

---

① 陈长民. 改善社会保障环境促进人力资本开发. 统计与决策，2005，7：128 – 129.

实现劳动力资源的优化配置和发挥人力资本的潜能，实现社会效益的最大化。因此，在劳动力流动过程中虽然劳动者本身的人力资本含量不会增加，但通过劳动力的合理流动，可以使得物质资源和人力资本有效结合，资源得到合理配置，能够实现人力资本的增值。因此，劳动力流动也是人力资本投资的一项重要形式。

伴随着劳动力的流动，劳动者社会保险关系的转移问题是必然要解决的问题。如果在劳动者流动过程中社会保险关系不能随着劳动者的转移而进行有效转移的话，势必会阻碍劳动者的合理流动。目前，我国在社会保险各项目中，除了养老保险项目实现了省级统筹外，其他社会保险项目，如医疗保险、失业保险、工伤保险等，实行的都是市级统筹甚至是县级统筹。这也就意味着，在劳动者流动过程中，社会保险关系的转移不仅涉及在各省市之间的转移，甚至涉及在各县之间的转移问题。而我国的社会保障政策在实践过程中，不同地区的政策是不同的。各地区的社会保险政策之间不衔接导致劳动者在流动过程中社会保险关系无法随之转移。

虽然我国政府在2009年12月底出台了《关于城镇企业职工基本养老保险关系转移接续暂行办法》（简称《暂行办法》），该《暂行办法》规定，包括农民工在内的参加城镇企业职工基本养老保险的所有人员，其基本养老保险关系可在跨省就业时随同转移；在转移个人账户储存额的同时，还转移部分单位缴费；参保人员在各地的缴费年限合并计算，个人账户储存额累计计算。但在实践中，社会保险关系转移却面临着重重阻力，其中最大的原因在于在当前"分灶吃饭"的财政体制下，社会保险关系跨地区转移就会影响转入地和转出地的利益，转出地区会考虑自己本地的养老金发放够不够的问题；而转入地区也会面临未来养老金支付够不够的压力，实施中会有顾虑。特别是经济欠发达地区，更是无力承担转入人员所增加的支出负担。

　　各个统筹地区出于自身利益考虑，出台了形形色色的"土政策"，造成了社会保险关系转移难的局面。如有的地方政府规定，征收养老保险超龄费。即异地的社会保险关系转入时，工人年龄超过 35 岁、干部年龄超过 45 岁的，按调入时的超龄时间，每一年工龄补缴一笔养老保险超龄费。也有的地方政府实行户籍限制，规定有户籍的职工可以转入基本养老保险关系，无户籍的不能转入。有户籍的职工与单位解除劳动关系后，可以以自由职业者身份在当地续保，没有户籍的只能在当地再就业才能续保，如果没有在当地再就业，只能将基本养老保险关系转走或退保。这些形形色色的"土政策"导致劳动者流动时社会保险关系很难实现随之转移。如在深圳，《暂行办法》实施半年内共有近 10 万人申请办理养老保险跨省转移接续手续，但只有近 8000 人成功办理，成功率不足 10%。① 社会保险关系转移接续难问题不仅影响了劳动者的切身利益，也影响了劳动力的合理流动和劳动力资源的有效配置，影响了劳动力市场的良性运行和发展。

3.3　本章小结

　　总体而言，在计划经济时期，我国的社会保障制度基本是以就业和保障合二为一的单一型劳保福利制度。这一阶段的社会保障制度，从积极意义上讲，保证了我国经济建设对劳动力的需求，保证了社会的稳定和安全，促进了社会和经济的发展。但其封闭性和各板块之间的差异性，使不同所有制单位的劳动者缺乏流动的激励和条件，将劳动者牢牢地束缚在各个单位之中，阻碍了劳动力的合理

---

　　①　半年内深圳近十万人申请转移养老险. http://www.bj678.com/shbx/254089.html.

流动，使劳动力资源得不到优化配置，抑制了劳动力市场的发育，从而影响了社会和经济的发展。

　　随着市场经济体制的建立和发展，计划经济体制时期的社会保障制度难以适应社会经济的发展需要，因此必须进行改革。经过30多年的改革与发展，我国的社会保障制度取得了多个方面的成就。但是在进行新的社会保障制度设计时往往只考虑了社会保障制度本身的需要，忽略了其对其他社会政策的影响，尤其是对劳动力市场政策的影响，导致社会保障制度在实践运行中暴露出了诸多对其经济基础，即劳动力市场产生不利影响的问题，表现在：现行社会保障制度的"碎片化"及统筹层次严重影响了劳动力流动；现行社会保障的覆盖面偏窄影响了劳动者的就业选择和劳动质量的提高；社保待遇间的较大差距也影响了劳动者的就业选择和就业总量的增加；过高的社会保障缴费率影响了劳动力需求总量的增加和劳动关系的和谐；社会保障的权利与义务不对称影响了劳动力的市场供给；不完善的社会保障会影响就业方式的多样化发展；社会保障忽视预防功能和人力资本开发、投资功能；社会保障法制不健全影响了劳动关系的和谐等方面。上述诸多问题的存在不仅损害了社会保障制度良性运行和发展的经济基础，影响了其自身的可持续发展，也影响了劳动力市场的运行和发展，不利于我国就业问题的解决，因此必须对目前的社会保障制度进行相关改革。

我国劳动力市场的特点和发展趋势对社会保障制度的挑战

社会保障制度和劳动力市场之间的相互关系要求在制定和完善社会保障制度时不仅应考虑社会保障制度对劳动力市场产生的影响，也要考虑劳动力市场在社会保障制度制定和完善过程中发挥的作用。

4.1 我国劳动力市场的形成与发展

4.1.1 传统经济体制下的劳动力配置

新中国成立后，在完成没收官僚资本、实行土地改革的各项工作以后，中央政府于 1952 年开始着手建立计划经济体制，并制定实施了一系列有关劳动就业的政策、措施。1955 年，中央劳动部门提出了劳动力管理的"统一管理、分散负责"的原则，建立了对劳动力的招收、调配由劳动部门统一管理，由各企业主管部门分散负责的管理制度。到 1957 年，随着计划经济体制的建立，以统包统配的计划配置方法为主要特征的劳动就业机制也建立起来了。在城镇，劳动者就业完全由国家"包"下来，劳动者无需自己寻找工作，而是达到就业年龄后由国家劳动部门统一安排就业，企业也没有招工自主权，而且劳动者一旦被安排到企业就业后，除个别情况外，企业一般不得辞退劳动者，即所谓的终身就业制。

此外，政府通过采取诸如户籍制度、食品和生活必需品的分配制度等严格限制劳动力的流动，形成了劳动力的城乡分治和部门权属关系。没有政府部门的允许，劳动力不可能在地区间和城市部门间进行流动。在农村，劳动力由农村集体经济组织统一组织生产，而且政府在决定劳动者就业岗位的同时，还决定劳动者的收入标准、收入水平、收入升级方式等。

总之，在这一时期，我国的劳动力资源配置是由中央政府集中进行计划安排的，是与计划经济体制相适应的，具有较大的强制性。这种劳动力配置方式能够按照计划部门的意志，迅速实现劳动力市场的供需平衡，也能够实现充分就业和社会公平。但由于缺乏市场竞争机制，劳动者无法根据自己的能力、意愿等自由选择职业和自由流动，企业也无法按照单位实际需要来自主招工，市场这只无形的手无法对劳动力市场起到应有的调节作用。因此，可以说，这一时期并不存在现代意义上的劳动力市场。

4.1.2 我国劳动力市场的发展历程

随着我国经济体制的改革，劳动力资源的计划配置无法适应社会经济发展的需求，因此必须按照建立社会主义市场经济体制的要求，改变劳动力资源配置方式。从劳动力市场运行机制的发展变化情况看，我国劳动力市场发育大致经历了三个阶段。

1）改革开放到 20 世纪 80 年代末期

这一时期是劳动力市场孕育和发展的初期阶段。党的十一届三中全会后，我国开始对传统的经济体制进行改革，与此相适应，传统的统包统配的就业制度也开始有所改变。1980 年政府开始提出要实行劳动部门就业、自愿就业和自谋职业的"三结合"就业方针，标志着现代意义上的劳动力市场开始产生。尤其是 1986 年国营企业进行劳动合同制改革，意味着市场机制被更多地引入劳动就业领域。这一时期，随着我国乡镇企业的迅速发展，大量的农村剩余劳动力开始流向城镇，企业富余人员也开始从事第三产业，人才交流市场开始初步出现。到 20 世纪 80 年代末期，劳服公司、职业介绍所等有形劳动力市场机构大量出现，我国空前庞大的、自发的、不健全的劳动力市场终于形成。但在这一时期，国有企业仍然直接或间接地受到政府的扶持，市场机制还无法对国有企业的劳动力资源配置起到应有的调节作用。总之，这一阶段统包统配制度仍占主导地位，但劳动力市场的供求机制和流动机制开始在小范围内发挥作用，劳动力市场开始处于孕育阶段。[①]

2）20 世纪 80 年代末期到 90 年代末期

这一时期是劳动力市场快速发展时期。1986 年，随着国企改革进程的加快，国务院在总结我国部分地区试行劳动合同制的基础上，颁布了《国有企业实行劳动合同制的暂行规定》《国有企业招用工人暂行规定》《国有企业辞退违纪职工暂行规定》和《国有企业职工待业保险暂行规定》等一系列文件，并从 1986 年 1 月起在全国范围内对新招工人实行劳动合同制。这些文件和举措意味着我国开始按照市场原则对劳动力进行配置了。

与此同时，随着农村家庭承包经营责任制的推行，农民在完成自己的承包责任后有了一定的自由，农村剩余劳动力开始凸显。乡

① 杨波. 我国大城市劳动力市场分割的理论与实践——以上海为例. 华东师范大学，2008.

镇企业无法吸收众多的农村剩余劳动力，而这一时期随着市场经济的发展，我国的户籍制度也逐步放开，农村剩余劳动力开始涌向城市，形成了所谓的"保姆市场""民工市场"等各种劳工市场。再加上这一段时间随着国家"公有制为主体和其他经济成分为补充的"的基本经济制度的提出，包括个体经济、私营经济和"三资企业"在内的非公有制经济迅速发展起来，成为吸纳农村剩余劳动力就业的主要渠道。农村剩余劳动力开始跨地区流动，极大地推动了我国劳动力市场的发展。

1993年在《中共中央关于建立社会主义市场经济体制若干问题的决定》（简称《决定》）中，我国第一次明确提出"劳动力市场"这一概念，不仅使争论多年的"劳动力是否是商品""建立劳务市场还是劳动力市场"等问题得以平息，而且该《决定》明确指出劳动力市场是当前我国培育市场体系的重点之一，要"改革劳动制度，逐步形成劳动力市场"。1994年7月通过的《中华人民共和国劳动法》，为劳动力市场建设奠定了法律制度基础。其后，国有企业职工下岗制度使得员工的薪酬也可以随着市场供求决定的劳动力价格而调整，这意味着不仅农村剩余劳动力，城市就业者尤其是国有企业的劳动力配置也开始由市场进行调节，整个劳动力市场体系进入快速建立时期。在这一时期，我国劳动力市场分割现象也越来越明显，总之在这一阶段我国劳动力市场的政策框架与整体制度设计基本形成。

3）20世纪90年代末期至今

这一时期是劳动市场体系建设的发展与改革时期。20世纪90年代中后期，随着我国市场经济体制的确立和现代企业制度的建立，大量的国有企业职工下岗，对当时的社会稳定和经济发展造成一定的影响。因此，如何创造更多的就业岗位，解决下岗职工的再就业成为这一时期亟待解决的问题。1998年我国明确提出了"劳动者自主就业、市场调节就业、政府促进就业"的新就业方针，标志着市场化就业制度进入改革的新阶段。2000 年在《关于加快建立市场导向就业机制的意见》中首次明确提出劳动市场建设的宏伟战略目标，即要建立起统一、开放、竞争、有序的劳动市场。2002 年，党的十六大提出，要健全劳动力市场。2003 年，在《中共中央关于完善社会主义市场经济体制若干问题的决定》中首次提出将创造就业岗位作为当年经济宏观调控的第二大目标，提出要实施积极的就业政策。上述一系列有关劳动力市场政策的建立与实施表明，我国的就业制度日益市场化。[①]

总之，从党的十一届三中全会至今，我国劳动力市场从无到有，不断扩大，市场机制对劳动力资源配置的基础性作用不断增强，中国现代意义上的劳动力市场制度已基本形成。劳动力市场的形成与发展促进了劳动力的流动和配置效率，对我国经济的发展起到了积极的促进作用。

4.2　我国劳动力市场的主要特点及发展趋势

目前，我国劳动力市场经过多年来的发展已基本建立起来，并对劳动力资源配置起到日益重要的调节作用，而且受外部环境及劳动力市场自身的影响，劳动力市场在运行和发展过程中呈现出诸多特点。

4.2.1　失业问题严重

受劳动力供给总量较大、经济转型、劳动力素质与社会经济发

① 刘继同. 网格化与梯级多层次市场结构：转型期中国就业政策与福利状况. 经济评论，2005，5：39.

展需求不相适应等多种因素的影响，我国目前劳动力市场失业问题
较严重。虽然国家统计局公布的城镇登记失业率一直较低，近十年
来长期稳定在 4.0% ~4.3% （见图 4 - 1），但城镇登记失业率并不
能反映我国目前整个劳动力市场的失业状况。这是因为，首先这个
指标仅统计了城市中去政府部门登记的失业人口，而那些失业后没
有去登记的失业人员被排除在外；其次，这个指标也把规模庞大的
农村剩余劳动力排除在外。

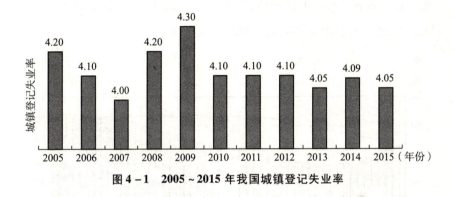

图 4 - 1 2005 ~2015 年我国城镇登记失业率

目前世界主要国家所公布的失业率绝大多数都是调查失业率。
目前，我国的调查失业率为 5% 左右，要高于同期城镇登记失业
率。① 但这个调查失业率是仅对 31 个大城市进行调查而得出的数
据，也不能够全面反映我国整个劳动力市场的失业状况。很多学者
和研究机构也基于自己的调查数据进行了估算。如中国社科院社会
学研究所基于相关调查数据，估算得出 2008 年我国城镇调查失业率
达到 9.6%②；北京大学中国家庭动态跟踪调查项目在其《中国民生

---

① 统计局. 31 个大中城市调查失业率 5% 左右 . http：//finance. sina. com. cn/china/
gncj/2017 - 03 - 14/doc - ifychhuq4476966. shtml.

② 汝信，陆学艺，李培林. 2009 年中国社会形势分析与预测. 北京：社会科学文献
出版社，2008.

发展报告 2013》中认为，2012 年中国城镇人口的失业率在 4.4% ~
9.2%；甚至有媒体报道之中出现了 10% ~20% 甚至 20% ~30% 的
失业率。①

　　而且受人口基数大等因素的影响，在今后较长一段时期内，我
国将仍然面临着较大的就业压力。第六次全国人口普查数据显示，
我国目前总人口已达 13.7 亿。而据预测，我国总人口将于 2020 年
达到 14.5 亿人，2033 年前后达到峰值 15 亿人左右（见图 4 - 2）。
相应地，我国 15 ~ 64 岁的劳动年龄人口 2016 年达到高峰 10.1 亿
人，比发达国家劳动年龄人口的总和还要多。

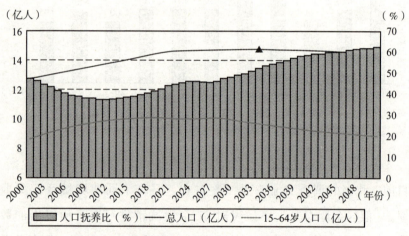

图 4 - 2　未来我国总人口、劳动年龄人口及人口抚养比预测

资料来源：人口计生委发展规划司：国家人口发展战略研究报告 . http：//www. chin-
apop. gov. cn/fzgh/zlyj/200806/t20080626_154129. htm。

　　目前我国劳动力市场就业压力主要来自两个方面：一是农村剩

---

　　① 如 2006 年 6 月 19 日《中国经济周刊》将农村剩余劳动力考虑在内，计算出我国
的失业率将高达 20%。类似的，2010 年 3 月 23 日 Li Xiaokun 在 China Daily 中的文章 Wen
upbeat on US relations despite strains 中认为，中国失业率超过 30%。

余劳动力，尤其是越来越多的农村青年人选择进入城市就业；二是新进入劳动力市场者的就业压力。目前在社会整体就业压力较大的情况下，青年群体的失业问题更为严重。根据《中国首次青年就业状况调查报告》显示，我国青年失业率为9%左右，高于社会平均失业率；而且在已就业的青年群体中，许多年轻人尤其是低龄青年和农村青年的就业质量相对较低，表现在工作不稳定，工作环境差，劳动时间长，工资收入低等方面。

此外，我国目前劳动力市场上劳动力供给与劳动力需求之间的不匹配，结构性失业问题日益严峻。一方面是东南沿海经济发达地区对生产性人员的巨大需求无法得到及时满足，存在着劳动力"短缺"，导致近年来频频出现"民工荒""技工荒"；另一方面是中西部地区存在着明显的劳动力供给大于需求的情况，尤其是越来越多的高校毕业生难以找到合适的工作，存在着劳动力"过剩"。

4.2.2　劳动力供给整体素质水平偏低

1）我国劳动者整体受教育程度偏低

近年来，我国社会成员的受教育程度虽然在不断提高，劳动力的文化素质水平，特别是新生劳动力的文化素质水平得到较大提高。但总体而言，我国社会成员的受教育水平仍然偏低，文盲人口占总人口比重仍较高，而拥有高中及以上学历的人数仍占少数（见表4-1和表4-2）。尤其在农村，随着1997年我国高校的扩招，大学生数量日益增多，随之而来的"毕业即失业"的严峻就业形势及预期工资收入的降低，导致"新读书无用论"开始在部分农村地区扩散，辍学问题较为严重。再加上高昂的教育代价，农村家庭对教育投资的热情有所降低。我国农村家庭教育投资支出在2003年以前基本上一直处于上升态势，但2003年以后开始逐步降低，教育投

资支出占年消费支出的比重从 2003 年的 12.13% 持续下降到 2012
年的 7.54%，直至 2013 年以来才逐步有所回升（见表 4 - 3）。受
教育程度偏低使得许多青少年在缺少相关知识、技能的情况下进入
劳动力市场，最终导致其就业质量不高。

表 4 - 1　　　　　　历次人口普查和抽样调查文盲人口数比较

普查年份	总人口（万人）	文盲人口（万人）	占总人口比重（%）
1964	69458	23327	33.58
1982	100818	22996	22.81
1990	113368	18003	15.88
2000	126583	8507	6.72
2010	133972	5466	4.08
2015	1779.04	96.41	5.42

注：文盲是指 15 岁及 15 岁以上不识字或识字很少的人；2010 年及以前数据为普查
数据，2015 年数据为全国 1% 人口抽样调查样本数据。

资料来源：2000 年以前数据来源于《中国人口统计年鉴》；2010 年数据来源于中央
政府门户网站：http://www.gov.cn/gzdt/2011 - 04/28/content_1854048.htm；2015 年数
据来源于《中国统计年鉴 2016》。

表 4 - 2　　　　　　历次普查和抽样调查每 10 万人拥有的
　　　　　　　　　　　各种受教育程度人口　　　　　　单位：人

普查年份	大专及以上	高中或中专	初中	小学
1964	416	1319	4680	28330
1982	615	6779	17892	35237
1990	1422	8039	23344	37057
2000	3611	11146	33961	36701
2010	8930	14032	38788	26779
2015	12445	15350	35633	24356

注：2010 年及以前数据为普查数据，2015 年数据为全国 1% 人口抽样调查样本数据。

资料来源：2000 年以前数据来源于《中国人口统计年鉴》；2010 年数据来源于中央
政府门户网站：http://www.gov.cn/gzdt/2011 - 04/28/content_1854048.htm；2015 年数
据来源于《全国 1% 人口抽样调查主要数据公报》。

表4-3　　1990~2015年我国农村家庭教育投资支出状况

年度	人均纯收入（元）	人均消费支出（元）	人均教育投资支出（元）	教育投资支出占年纯收入的比重（%）	教育投资支出占年消费支出的比重（%）
1990	686.3	584.6	31.4	4.58	5.37
1995	1577.7	1310.4	102.4	6.49	7.81
2000	2253.4	1670.1	186.7	8.29	11.18
2001	2366.4	1741.1	192.6	8.14	11.06
2002	2475.6	1834.3	210.3	8.49	11.46
2003	2622.2	1943.3	235.7	8.99	12.13
2004	2936.4	2184.7	247.6	8.43	11.33
2005	3254.9	2555.4	295.5	9.08	11.56
2006	3587.0	2829.0	305.1	8.51	10.78
2007	4140.4	3223.9	305.7	7.38	9.48
2008	4760.6	3660.7	314.5	6.61	8.59
2009	5153.2	3993.5	340.6	6.61	8.53
2010	5919.0	4381.8	366.7	6.20	8.37
2011	6977.3	5211.1	396.4	5.68	7.61
2012	7916.6	5908.0	445.5	5.63	7.54
2013	8895.9	6625.5	754.6	8.48	11.39
2014	9892.0	8382.6	859.5	8.69	10.25
2015	10772.0	9222.6	969.3	8.99	10.51

资料来源：根据历年《中国统计年鉴》整理计算。

　　而从国际上看，与其他发达国家相比，现阶段我国劳动年龄人口人均受教育年限远低于美国和日本等发达国家。2005年我国劳动年龄人口人均受教育年限仅为8.38年，而同年美国劳动年龄人口人均受教育年限为13.63年，日本劳动年龄人口人均受教育年限达到12.9年，均远高于我国（见表4-4）。

表 4 - 4　　　　　　　　　劳动年龄人口受教育结构

年度	小学及以下（%）	初中（%）	高中（%）	大专及以上（%）	硕士及以上（%）	平均受教育年限（年）
1982 年中国	62.84	25.52	10.69	0.95		6.13
1990 年中国	53.37	32.62	11.84	2.17		6.82
2000 年中国	37.14	42.31	15.42	5.14	0.087	8.17
2005 年中国	32.22	43.37	16.63	7.77	0.21	8.38
1964 年美国	6.56	20.45	52.55	20.50		11.04
1978 年美国	3.88	11.12	52.22	32.79		12.07
2000 年美国	3.51	7.36	47.07	42.05	7.14	12.84
2005 年美国	2.44	6.03	38.57	52.95	8.23	13.63
2007 年美国	2.46	7.00	39.00	51.54	8.13	13.54
2005 年日本	11.83		47.34	40.42	2.15	12.90
2000 年日本	6.65		45.38	47.97		13.70
2005 年印度	48.89	21.93	20.61	8.56		6.30

资料来源：http://www.china.com.cn/news/zhuanti/09rkld/2009 - 12/21/content_19105716.htm。

虽然我国高等教育的发展在近十年来获得了长足的进步，但大专及以上受教育程度人口所占比重与发达国家相比依然偏低。2010年美国25岁及以上人口的人均受教育年限为12.4年（相当于大学一年级水平），日本为11.6年（相当于高中三年级水平），分别比我国高3.8年和3年。2010年，我国25～64岁劳动年龄人口中，具有大专及以上受教育程度人口仅为9.7%，远远低于发达国家。以经合组织国家为例，2009年经合组织国家25～64岁人口中接受高等教育人口所占比重为30.0%，相当于我国的3倍多。①

————————

① 我国国民整体受教育水平进一步提高. http：//www. zgxxb. com. cn/jqtt/201204120010. html.

2) 我国劳动者整体技能水平偏低

我国劳动力供给整体素质偏低不仅表现在受教育程度方面，还表现在劳动者技能水平方面。从《中国统计年鉴》的数据看，高中以下学历的劳动者是目前我国劳动力市场的主体。而按照我国目前的教育制度，除中等专业学校和中等技术学校毕业生以外，其他高中以下学历的毕业生都没有接受过相应的职业教育与培训。这就意味着他们在进入劳动力市场前，大多没有接受必要的职业培训，导致我国的技能型人才总量严重不足，高级技能人才更为短缺。据中国职工教育和职业培训协会的《企业高技能人才开发途径与发展趋势研究》显示，"十一五"末期，我国就业总人数达到 7.9 亿以上，而技能劳动者数量将达到约 9500 万人，占总就业人数的比重为 12.03%。其中，高级工数量约为 1900 万人，占总就业人数的比重为 2.41%，技师、高级技师的数量约为 950 万人，占总就业人数的比重为 1.20%。[①] 近几年，我国专业技术人才队伍规模不断扩大、素质有所提升，目前高级技工占比达到 5% 左右，但这仍与发达国家的技工素质有很大差距。在发达国家的劳动力市场上，高级技工所占比重非常高，有资料显示，发达国家高级技工占 35%，中级技工占 50%，初级技工占 15%。[②]

劳动者整体技能水平偏低导致劳动者素质满足不了劳动力市场需求。从近几年来的《部分城市公共就业服务机构市场供求状况分析》数据来看，市场对具有技术等级和专业技术职称的劳动者的需求均一直大于供给。以 2016 年第三季度劳动力市场供求状况对比情况为例，各技术等级或专业技术职称的岗位空缺与求职人数的比率

---

① "十一五"末期我国技能劳动者可能达到 9500 万人. http://www.lm.gov.cn/gb/zt/2005-11/22/content_93979.htm.

② 发展中小企业　促进就业增长——江苏促进就业增长模式选择探讨. http://www.jssb.gov.cn/jssb/tjfx/tjfxzl/1200612290139.htm.

均大于1。其中，高级工程师、高级技师、高级技能岗位空缺与求职人数的比率较大，分别为2.45、2.11、2。劳动者技能素质与市场的不匹配使得我国劳动力市场的结构性失业问题较严重。

4.2.3　人口老龄化导致劳动力供给变化

按照2010年第六次全国人口普查主要数据显示，目前中国60岁以上人口占总人口的比重已经达到13.26%，其中65岁及以上人口占总人口的比重为8.87%。同2000年的第五次全国人口普查数据相比，60岁及以上人口的比重上升了2.93个百分点，65岁及以上人口的比重上升了1.91个百分点，15~59岁人口的比重上升了3.36个百分点，而0~14岁人口的比重下降了6.29个百分点，[①] 这意味着我国老龄化程度加剧。而同西方工业化国家相比，中国的老龄化具有规模大、速度快、负担重等特点，人口的老龄化必然给我国劳动力市场带来一系列影响。

首先，人口老龄化将使未来劳动力供给总量减少。中国人口老龄化的一大特征是速度快。中国人口总量预计到21世纪30年代达到峰值后将逐步减少；相应地，劳动力在总人口中的比例自21世纪30年代也将开始下降，预计将从目前的60%以上逐步下降到21世纪末略高于50%的水平，[②] 届时可能将难以适应社会的发展需要，产生劳动力供需矛盾。

其次，人口老龄化必然导致劳动力供给的年龄相对高龄化。从劳动力市场供给年龄结构来看，45~59岁和60~64岁相对高龄的

---

① 2010年第六次全国人口普查主要数据公报. http：//www. gov. cn/gzdt/2011 – 04/28content_1854048. htm.

② 黄瑞. 劳动力市场的新趋势与养老保险制度的完善. 特区经济，2010，10：137.

劳动年龄人口在未来20年里将迅速增加，45～59岁劳动年龄人口将由2000年的19227万人增加到峰值年（2025年）的32642万人，其后增速减缓；60～64岁老年劳动年龄人口由2000年的4136万人增加到2030年前后的11000万人以上。这期间相对高龄劳动力人口的年平均增长速度远大于同期劳动年龄人口的增长速度。[①] 而从2014年第一季度部分城市公共就业服务机构市场供求状况分析来看，2014年第一季度16～24岁求职人数较2013年第一季度降低3.7%，25～34岁求职人数同比增加1.2%，45岁以上求职人数同比则增加1.0%，由此我们可以看出这种劳动力供给的年龄结构变化趋势（见表4－5）。

表4－5 　　　　2014年第一季度部分城市公共就业服务
机构市场应聘人员年龄状况

年龄	劳动力供求人数比较							
	需求人数（人）	需求比重（%）	与上季度相比需求变化（百分点）	与去年同期相比需求变化（百分点）	求职人数（人）	求职比重（%）	与上季度相比求职变化（百分点）	与去年同期相比求职变化（百分点）
16～24岁	1670821	26.6	-2.5	-1.0	1774681	31.4	-2.6	-3.7
25～34岁	2245288	35.7	2.6	1.9	2050580	36.3	0.5	1.2
35～44岁	1074898	17.1	0.0	-2.1	1252265	22.2	2.0	1.5
45岁以上	350088	5.5	—	-0.6	575615	10.2	0.1	1.0
无要求	950861	15.1	-0.1	1.8	0	/	/	/
合计	6291956	100.0	/	/	5663141	100	/	/

数据来源：中国人力资源市场信息监测中心.2014年第一季度部分城市公共就业服务机构市场供求状况分析.

[①] 廖少宏.中国劳动力市场供求关系变化的特点及影响.当代经济，2009，3：10.

4.2.4　劳动力流动日益频繁

目前我国劳动力市场还有一个显著的特征是不仅职业流动总量在不断增加，职业流动频率也在不断加快。随着我国城镇化进程的加快，越来越多的农村剩余劳动力流向城镇（见图 4 - 3），农民工数量日益庞大。从图 4 - 3 我们可以看出，2005 年我国农民工数量仅 1.5 亿人，但 2016 年我国农民工数量已达到 2.81 亿人。近几年来农民工数量增速虽有所放缓，但总量依然在不断增加。

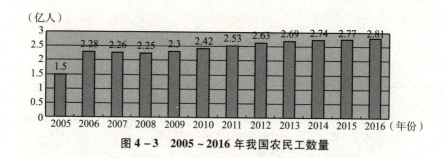

图 4 - 3　2005 ~ 2016 年我国农民工数量

在城镇，劳动力的流动频率也在不断加强。据社科院的调查，就城镇劳动力而言，20 世纪 70 年代进入劳动力市场的劳动者平均在 1.91 个单位工作过，80 年代进入劳动力市场的劳动者平均在 1.99 个单位工作过，90 年代进入劳动力市场的劳动者平均在 2.01 个单位工作过，而 2000 年以后进入劳动力市场的劳动者虽然工作年限还相对较短，但其平均工作过的单位数量也达到了 1.58 个。[1]

---

[1]　中国社科院"中国社会状况综合调查"课题组. 当前我国就业形势的特点和变化. 社会科学研究，2009，2：98.

4.2.5　劳动力就业市场化和就业方式多元化

随着我国劳动力市场的不断发展和完善，我国就业市场化倾向越来越明显。近年来，随着我国经济体制改革的深化和产业结构的调整，劳动力就业方式也发生了较大变化。劳动力市场中的临时工、季节工、小时工、家庭雇工等从事非正规就业（也被称为灵活就业）的人员数量也随之不断增加。灵活就业日益成为我国重要的就业形式。目前关于我国城镇灵活就业人员的数量规模，比较保守地估计约5000万人，如果加上农民工和城镇退而不休的人员，其数量规模很可能超过1.3亿人。[①] 而且据有关部门推算，中国到2035年前后城镇灵活就业人口将大幅增加。

4.2.6　劳动力市场存在多元分割

目前我国劳动力市场显著的特点之一就是劳动力市场处于非常严重的多元分割状态。劳动力市场多元分割主要表现在：劳动力市场的城乡二元分割、劳动力市场的制度性分割、劳动力市场的区域分割和劳动力市场的行业（或部门）分割等几个方面（见图4-4）。

首先，我国劳动力市场多元分割表现在劳动力市场的城乡二元分割。在计划经济体制下，我国通过严格的户籍制度及与户籍制度相关的一系列制度将整个劳动力市场划分为城市劳动力市场和农村劳动力市场，劳动力在城乡之间的流动被严格控制。随着市场经济体制的建立和发展，虽然户籍制度开始逐步放开，农村剩余劳动力开始流向城镇，即出现了所谓的农民工群体，但这些改革并没有从

---

① 何平. 非正规就业群体社会保护. http://www.labournet.com.cn/jylt/0429-c32.htm.

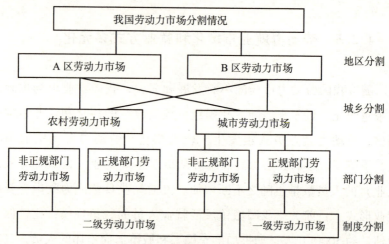

图 4 - 4　中国劳动力市场分割情况

根本上消除城市和农村间的劳动力市场分割。现实情况是以户籍为识别依据的城市用工制度导致农民工一般只能在农民工劳动力市场流动，很难融入市民劳动力市场，即使有机会进入市民劳动力市场，大多只能从事那些工资低、工作稳定性差且缺乏必要社会保障的职业。劳动力市场的城乡分割导致了农村居民收入增长缓慢，继而导致城乡居民收入差距一直较大。从表 4 - 6 和图 4 - 5 我们可以看出，从 1990 ~ 2015 年的 25 年期间，城乡居民之间的收入差距绝对额从 1990 年的 823.9 元增长到 2015 年的 21018.3 元，城乡居民收入比也从 1990 年的 2.20∶1 上升到 2015 年的 2.95∶1。

表 4 - 6　　　　　　1990 ~ 2015 年我国城乡居民收入差距情况

年份	城镇居民家庭人均可支配收入（元）	农村居民家庭人均可支配收入（元）	城乡居民收入之差（元）	城乡居民收入之比
1990	1510.20	686.30	823.90	2.20∶1
2000	6280.00	2253.40	4026.60	2.79∶1

年份	城镇居民家庭人均可支配收入（元）	农村居民家庭人均可支配收入（元）	城乡居民收入之差（元）	城乡居民收入之比
2001	6859.60	2366.40	4493.20	2.90∶1
2002	7702.80	2475.60	5227.20	3.11∶1
2003	8472.20	2622.20	5850.00	3.23∶1
2004	9421.60	2936.40	6485.20	3.21∶1
2005	10493.00	3254.90	7238.10	3.22∶1
2006	11759.50	3587.00	8172.50	3.28∶1
2007	14908.64	4140.36	10768.28	3.60∶1
2008	15780.76	4760.62	11020.14	3.31∶1
2009	17174.65	5153.17	12021.48	3.33∶1
2010	19109.40	5919.00	13190.40	3.23∶1
2011	21809.80	6977.30	14832.50	3.13∶1
2012	24564.70	7916.60	16648.10	3.10∶1
2013	26955.10	8895.90	18059.20	3.03∶1
2014	29381.00	9892.00	19489.00	2.97∶1
2015	31790.30	10772.00	21018.30	2.95∶1

数据来源：历年中国统计年鉴。

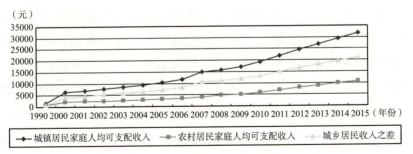

图4-5　城乡居民收入差距情况

其次，我国劳动力市场分割还表现在制度性分割方面。双重劳动力市场理论认为，与其他要素市场相比，劳动力市场具有较明显的非竞争性。在整个劳动力市场上存在一级劳动力市场（也叫主要劳动力市场、正式部门劳动力市场）和二级劳动力市场（也叫次要劳动力市场、非正式部门劳动力市场）的区别。一级劳动力市场上的劳动者素质相对较高，基本上没有失业的压力，工资水平也要高于市场的平均水平，而且享受着完善的社会保障制度；二级劳动力市场上的劳动者大多是劳动技能较低或没有多少技能的非熟练工、新进入劳动力市场的劳动者，以及涌向城市就业的农村剩余劳动力等，这些劳动者在二级劳动力市场上不仅所获得的工资水平相对较低，而且经常面临失业的风险，且基本享受不到完善的社会保障制度。此外，我国劳动力市场实际上还可以分割为体制内部劳动力市场和体制外部劳动力市场。体制内部劳动力市场的特点是"实行统一控制的较为平均的工资率"，就业比较稳定，工作条件相对较好，工资较高，有在职培训的机会，并且有健全的内部劳动力市场，有很多晋升机会，属于一级劳动力市场；体制外部劳动力市场的特点是"工资完全由市场所决定"，由市场对劳动力资源进行配置，工作福利较差，劳动力流动多。

再次，我国劳动力市场分割还表现在不同区域之间的隔离。在统一开放的竞争性劳动力市场上，可以通过劳动力的自由流动来平衡区域间的工资水平差异及相应的收入差异。但在我国，由于不同地区之间存在着劳动力市场分割，致使劳动力缺乏有效流动性，导致地区之间居民收入差距一直较大。根据中国统计年鉴，2015年东部地区城镇居民人均可支配收入平均为36691.3元，其中上海为全国城镇居民人均可支配收入最高水平，为28837.78元；中部地区城镇居民人均可支配收入平均为26809.6元；西部地区城镇居民人均可支配收入平均为26473.1元，东部地区与西部地区之间的差距也一直较大，2015年两者之间的差距达到10218.2元（见表4-7）。

表4-7　　　　　城镇居民按东部、中部、西部及东北地区
分组的人均可支配收入　　　　　　单位：元

年份	东部地区	中部地区	西部地区	东北地区	东部与西部差距
2010	23272.8	15962.0	15806.5	15941.0	7466.3
2011	26406.0	18323.2	18159.4	18301.3	8246.6
2012	29621.6	20697.2	20600.2	20759.3	9021.4
2013	31152.4	22664.7	22362.8	23507.2	8789.6
2014	33905.4	24733.3	24390.6	25578.9	9514.8
2015	36691.3	26809.6	26473.1	27399.6	10218.2

资料来源：《中国统计年鉴》（历年）。

　　最后，我国劳动力市场分割也表现在行业（部门）之间没有形成统一开放的竞争性劳动力市场上。在统一开放的竞争性劳动力市场上，劳动力可以在不同的行业、部门之间流动，因此行业间、部门间的工资差距会逐步缩小甚至消失。但在我国，由于垄断、户籍等因素的限制，劳动力在行业之间、部门之间的流动受阻，导致行业、部门间的工资差距不仅没有缩小，反而有扩大的趋势。典型表现就是垄断等正规部门、行业凭借其垄断地位获取高收益，并将垄断收益以工资、奖金、福利的形式分配给其职工，导致这些行业的职工收入远远高于其他行业职工收入。据上海证券报的数据显示，目前石油、电信等垄断企业内部的收入差距已经接近5倍，差距最大的为石油行业，个别企业最高收入者与最低收入者的差距接近100倍①。另外，据中国统计年鉴计算，按大行业划分看，2009年职工平均工资最高的金融业工资是最低的农林牧渔业工资的4.7倍；按细分行业看，2008年职工平均工资最高的证券业是最低的畜牧业

---

　　① 刘精明．市场化与国家规制——转型期城镇劳动力市场中的收入分配．中国社会科学，2006，5：110-124．

的 15.93 倍，而 1978 年全国收入最高的电力、燃气和水的生产和供应业行业的职工平均年工资为 850 元，收入最低的社会服务行业的职工平均年工资为 392 元，最高与最低收入之比仅为 2.17∶1。而且上述差距还仅仅是公布的工资差距，并不包括垄断行业以各种福利的形式对职工发放的各项福利。

近年来，随着国家收入分配制度改革的深化，行业之间的收入差距在呈现逐渐缩小趋势，但差距总体而言仍较大。表 4 - 8 反映的是 2015 年城镇非私营单位就业人员分行业年平均工资，从中我们可以看出，2015 年全国城镇非私营单位就业人员年平均工资为 62029元，比 2014 年（56360 元）增加了 5669 元，同比增长 10.1%，增速比 2014 年加快 0.6 个百分点。分行业类别来看，2015 年金融业尽管增幅相对较低，仅 6.0%，但其工资水平最高，高达 114777元，居各行业首位，而农、林、牧、渔业年平均工资水平最低，仅达到 31947 元，两者之间绝对差额达到了 82830 元，最高与最低行业平均工资之比达到了 3.59，与 2014 年的 3.82 相比，差距有所缩小。不过两者之间的绝对差距仍很大。其中，年平均工资最高的三个行业分别是金融业 114777 元，信息传输、软件和信息技术服务业112042 元，科学研究和技术服务业 89410 元，这三个行业年平均工资分别为全国平均水平的 1.85 倍、1.81 倍和 1.44 倍。

相比之下，工作辛苦、进入门槛低的行业，收入也比较低。数据显示，2015 年平均工资最低的三个行业分别是农、林、牧、渔业31947 元，住宿和餐饮业 40806 元，水利、环境和公共设施管理业43528 元，这三个行业年平均工资分别为全国平均水平的 52%、66% 和 70%。此外，在增速方面，行业之间的分化愈加明显，一些产能过剩行业工资增长停滞甚至负增长。2015 年，采矿业平均工资同比下降 3.7%，为多年来首次出现工资负增长的行业门类。行业性质和发展的不平衡导致了行业工资的差距仍非常大（见表 4 - 8）。

表 4 – 8   2015 年城镇非私营单位就业人员分行业年平均工资   单位：元，%

行业	2014 年	2015 年	名义增长率
合计	56360	62029	10.1
农、林、牧、渔业	28356	31947	12.7
采矿业	61677	59404	- 3.7
制造业	51369	55324	7.7
电力、热力、燃气及水生产和供应业	73339	78886	7.6
建筑业	45804	48886	6.7
批发和零售业	55838	60328	8.0
交通运输、仓储和邮政业	63416	68822	8.5
住宿和餐饮业	37264	40806	9.5
信息传输、软件和信息技术服务业	100845	112042	11.1
金融业	108273	114777	6.0
房地产业	55568	60244	8.4
租赁和商务服务业	67131	72489	8.0
科学研究和技术服务业	82259	89410	8.7
水利、环境和公共设施管理业	39198	43528	11.0
居民服务、修理和其他服务业	41882	44802	7.0
教育	56580	66592	17.7
卫生和社会工作	63267	71624	13.2
文化、体育和娱乐业	64375	72764	13.0
公共管理、社会保障和社会组织	53110	62323	17.3

资料来源：国家统计局.《中国统计年鉴2016》。

4.2.7 劳资矛盾突出

随着我国市场经济的发展，企业的经济成分和劳动者的就业形式越来越多样化，劳动关系也日趋复杂化。在劳动力供给远超过需求的背景下，就业环境不断恶化，就业质量持续下降，我国劳资纠纷数量和涉及的人数也越来越多。从表 4-9 和图 4-6 我们可以看出，2000 年我国当年案件受理数仅 135206 件，但 2015 年当年案件受理数已达到 813859 件，此外涉及劳动者人数也增幅非常大，2000 年我国劳动争议涉及劳动者人数仅 422617 人，但到 2015 年涉及劳动者人数增加到了 1159687 人。而且 2015 年我国国内因工厂关停、落后粗放产能淘汰、企业搬迁、公司裁员或重大人事变动等因素引发的劳资矛盾和劳资纠纷多发频发，劳动争议和劳资纠纷问题依然较为突出，劳资矛盾多发频发的趋势仍未得到根本遏制，有的矛盾纠纷甚至演变成集体讨薪等对抗性较强、参与规模较大的群体性事件。如 2015 年 1 月 19 日，惠普中国的子公司华三通信公司因高层人事变动激化了劳资双方的矛盾，引发杭州和北京公司近 3000 名员工抗议；2015 年 2 月 5 日，西铁城公司因突然宣布关停广州的生产基地并终止与工人的劳动合同，引发上千名工人围堵厂房，与资方就赔偿问题展开谈判。①

表 4-9　　　　中国劳动争议受理数及涉及劳动者人数

年份	当期案件受理数（件）	劳动者当事人数（人）
2000	135206	422617
2005	313773	744195
2010	600865	815121
2011	589244	779490
2012	641202	882487
2013	665760	888430
2014	715163	997807
2015	813859	1159687

资料来源：《中国劳动统计年鉴》（历年）。

---

① 龚维斌. 社会体制蓝皮书：中国社会体制改革报告（2016）. 北京：社会科学文献出版社，2016.

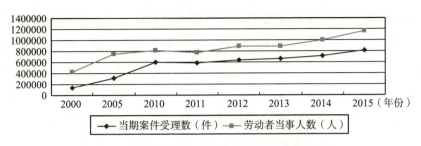

图4-6　中国劳动争议受理数及涉及劳动者人数

在实践中我国目前劳资矛盾主要表现在以下几个方面：一是劳动者的劳动报酬权益受损问题仍比较严重。工资是劳资关系中最敏感和最基本的问题之一，也是当前劳资关系中出现矛盾和纠纷最多的领域之一。在实践中主要表现为克扣和拖欠劳动者工资，尤其是拖欠农民工工资问题仍较严重。据《社会体制蓝皮书：中国社会体制改革报告（2016）》显示，2015年全国多地发生多起因欠薪导致的农民工集体讨薪事件，甚至引发极少数恶意讨薪事件。二是劳动者的劳动保护权益受损情况较严重。最突出表现就是由于劳动保护设施和劳动保护用品的缺乏，很多劳动者的人身安全不能得到有效的保障。在劳动时间长、强度大、条件差、安全系数低的环境下从事劳动工作，极容易导致安全事故频发。此外，很多用人单位违反劳动法有关规定，随意延长工作时间，劳动者法定休息时间得不到保证。三是劳动者的社会保险权益受损问题较突出。在实践中，很多企业尤其是中小企业为了追逐利润最大化，降低用工成本，并没有为职工缴纳社会保险或者仅仅是为职工缴纳一种或两种保险，五险并未落到实处。尤其是建筑行业工伤问题和大病医疗保险尚未覆盖所有农民工。四是劳动者的民主权益受损情况仍较严重。很多企业根本不考虑劳动者的民主权利，尤其是很多私营企业中并未建立工会，工资未进行集体协商，劳动者的合理诉求无法表达出来，在很多关系劳动者切身利益的问题上没有发言权。如一些企业在与劳动者签订劳动合同时，往往出现一些霸王条款，劳动合同条款尽是劳动者应该履行的义务，而劳动者应享有的权利的条款却很少列出。总之，目前我国这种劳资矛盾突出，劳动者权益得不到切实保障的现状不仅直接影响到了劳动者的切身利益，也严重打击了劳动者的工作积极性，更有甚者将有可能会转化为社会矛盾。

4.3 我国劳动力市场的特点和发展趋势对社会保障制度的挑战

4.3.1 失业问题严重对社会保障的挑战

失业尤其是结构性失业严重的现状，从短期来看，会加大失业保险基金的支出规模，从长期来看，意味着我国劳动力供给量的减少，进一步导致我国社会保障基金缴费额的减少，最终会影响社会保障的可持续发展。这就要求我国社会保障制度设计不仅应能保障劳动者在失业后的各项需求，也要尽可能避免社会保障对就业产生不利影响，并尽可能发挥促进就业的功能。此外，青年群体失业严重也要求现行社会保障制度不仅要扩大覆盖面，将其纳入社会保障覆盖范畴，而且也要求必须改革现行的社会保障制度只重视收入保障的设计，应重视发挥社会保障的积极作用，如可通过社会保障加强培训、人力资本投资、加强教育福利的公平性、实用性等来实现。

4.3.2 劳动力供给整体素质水平偏低对社会保障的挑战

劳动力供给素质水平偏低是导致我国结构性失业严重和目前青年群体失业严重或就业质量不高的主要原因之一。劳动者失业或者就业质量不高不仅意味着社会保障的缴费基数不高，影响了社会保障的基金来源，而且这些劳动者失业也意味着社会保障基金，尤其是失业保险基金的支出压力增大。由此我们可以看出，劳动者供给整体素质水平偏低会严重影响社会保障基金的收支平衡，进而影响到社会保障制度的可持续发展。因此，提高劳动力供给整体素质问题是我国亟待解决的问题。除了制定各项劳动就业方面的政策外，在社会保障方面，也同样需要社会保障加强培训和人力资本投资等方面的支出，以发挥促进就业的功能。

4.3.3 人口老龄化导致的劳动力供给变化对社会保障的挑战

首先，人口老龄化导致的劳动力供给变化将加重社会保障，尤其是养老保险负担。根据我国现行的城镇基本养老保险制度规定，养老保险基金由社会统筹与个人账户两部分组成，其中社会统筹缴费的部分用于基础养老金的计发，体现社会成员间的代际再分配，即由在职成员和企业缴费来供给上一代人（即目前已退休人员）的养老金需求。而在人口老龄化时期，社会上的退休人员较多，而在职人员较少，为实现养老保险基金收支平衡，只能不断提高缴费率，这必将进一步加重目前缴费率已经很高的企业和在职人员的缴费负担。

其次，人口老龄化导致的劳动力供给变化对退休年龄提出一定的挑战。总体而言，我国的退休年龄规定偏低，如果仍延续此退休规定，不仅会进一步减少我国的劳动力供给总量，给经济发展造成不利影响，也会加大社会保障的资金缺口。

最后，劳动力供给的变化要求社会保障避免对劳动力供给产生不利影响。人口老龄化导致劳动力供给总量的减少、供给年龄结构的相对高龄化必然要求社会保障制度在设计时避免对劳动力供给产生不利影响，而且应发挥社会保障的积极功能，尽可能开发劳动力，提高劳动力供给质量。

4.3.4　劳动力流动频繁对社会保障的挑战

首先，如何解决农民工社会保障问题。城镇化进程的加快使得越来越多的农村剩余劳动力进入城镇务工，产生了大量的"身在城市从事非农业工作的农业户口的工人"，即所谓的农民工群体。农民工群体相对于其他群体而言有自身的诸多特点，如流动频繁、收入水平低、工作类型多、文化和技能水平偏低等，而且农民工外出务工面临着工作和生活的多种风险。但在现行的社会保障制度设计下，多数农民工被排除在外。主要原因在于农民工工作流动性非常强，再加上他们收入水平相对较低，很难按照城镇职工各项社会保险制度参保缴费。因此，如何保障农民工群体的利益，将他们纳入社会保障是一个亟待解决的问题。

其次，流向城镇的农村剩余劳动力大多是青壮年劳动力，因各种原因，青壮年劳动力在流向城镇务工后其父母、子女、家属等仍然滞留在农村，即产生了大量的"留守老人""留守儿童""留守妇女"。如何通过社会保障制度安排，满足留守老人的养老问题、留守儿童的教育问题和留守妇女的精神慰藉等方面的需求也是一个亟待解决的问题。

最后，城镇劳动力流动的加快也对现行的社会保障制度提出了一定的挑战。我国现行劳动力市场上劳动力流动频繁不仅体现在农村剩余劳动力向城镇的流动，也包括城镇劳动力在不同的地区、行业、产业、部门，甚至在就业与失业状态间的流动，劳动力的频繁流动必然要求社会保障制度的配套与完善，而我国目前社会保障制度不仅没有促进劳动力的流动，反而抑制了劳动力流动。

4.3.5　劳动就业市场化和就业方式多元化对社会保障的挑战

1）劳动就业市场化对社会保障提出一定的挑战

就业市场化对社会保障提出了新的课题，这是因为，就业市场化打破了传统的铁饭碗，社会成员在劳动力市场上面临诸多的就业风险，影响每一位劳动者的安全感和生活质量，而且在市场竞争的过程中产生了相当部分的弱势群体，使得人们对社会保障的需求程度加大，而且越是处于弱势地位的人员，对社会保障的需求程度就越强。

2）就业方式多元化对社会保障提出诸多挑战

首先，就业方式多元化对传统的针对正规单位而设计的社会保障制度提出一定的挑战。灵活就业的特点是流动性强，而现行社会保险，尤其是养老保险制度是以就业的稳定性和缴费的连续性为基础，是按照正规就业的特点设计和运作的，不能与灵活就业的特点相符，最终在实践中导致大量的灵活就业人员被排除在社会保险范畴之外。尽管近年来许多地方针对这一问题出台了许多政策，如有的省、市设立个人缴费窗口，以方便灵活就业人员参保，但由于缺乏必要的约束机制和制度设计存在着一定的问题（如缴费水平过高等），使得灵活就业人员参保情况并不理想。因此，如何适应就业格局的变化，将越来越多的灵活就业人员纳入社保的覆盖范围，是今后在完善社会保障制度时必须解决的一大问题，这样既有利于保障灵活就业人员的社会保障权益，又有利于吸引更多的人参与到社会保障事业，有利于实现社会保障基金的收支平衡和制度的可持续发展。

其次，就业方式多元化对社会保障的保障不公平提出挑战。目前，我国劳动力市场保护政策已经从计划经济体制下的保护就业转变为市场经济体制下的保护失业。但在这一转变过程中，保护政策并没有同等地照顾到所有人群，劳动力市场保护的不平等现象正在加剧。总的来看，计划经济体制下享受较好保障的人群如政府公务人员、国有企事业单位从业人员仍然享受着比较好的社会保障，而那些在市场经济体制下逐渐沦为弱势的群体在失掉原有的计划经济体制下的保障的同时无法得到新保障或者干脆被排斥在保障体系之外，这不仅会损害社会保障制度的公平性，使社会保障制度发挥弥补市场失灵的作用、消除贫困和维护社会和谐的目标无法实现，而且还会加剧我国的贫富差距，增加社会的不稳定因素。

再次，就业方式多元化对我国现行社会保障重视社会保险忽视社会救助的做法提出挑战。现代劳动力市场的工作越来越向非全日制的、短期的、形式更加松散的方向发展。而灵活就业人员或因社会保障制度设计或因自身收入低等原因无法参加社会保险，导致他们在遇到风险时只能求助于社会保障的最后一道安全网，即社会救助。而我国目前的社会保障制度设计偏重于社会保险，忽视社会救助，导致这些弱势群体最终得到的保障程度偏低。

最后，由于非正规就业者本身的维权意识较弱，使得他们在与雇主建立劳动关系时并不要求享有社会保险权益，同时就业的不稳定性也使其对参加社会保障缺乏兴趣。由于缺少相关法律法规的规定，法律只对从业于国家机关的公务员、从业于企事业单位的劳动者应享有的相关社会保障权益作出了规定，而忽略了改革开放中形成的非正规部门中的就业者的社会保障权益，导致非正规就业人员的社会保障权益无法得到合理保障。

4.3.6 劳动力市场分割对社会保障的挑战

首先，劳动力市场分割导致社会保障制度也存在着分割现象。作为劳动力市场运行的"润滑剂"，在劳动力市场处于分割状态的影响下，社会保障制度也存在着较严重的分割现象，主要表现在：主要劳动力市场的劳动者享有着较完善的社会保障制度，而且享受的社会保障水平也较高；相反，对于在次要劳动力市场就业的劳动者来说，几乎享受不到或仅仅能享受到很低水平的社会保障。这种情况在我国的社会保障制度方面体现的非常明显。总体而言，我国的社会保障制度从开始建立之时就是针对不同群体实施的不同制度，主要分为三大类型：针对城镇职工社会保障制度、城镇居民社会保障制度和农村社会保障制度。从享受到的社会保障项目完整性和保障水平来看，城镇职工社会保障制度要优于城镇居民社会保障制度，而城镇居民社会保障制度又优于农村社会保障制度。即在我国，处于主要劳动力市场的劳动群体的保障制度最为完善，保障水平较高；处于次要劳动力市场的劳动群体往往是最晚得到保障且保障水平最低的群体。虽然近些年来我国社会保障制度取得了很大改革成就，实现了全覆盖，但处于次级劳动力市场上的劳动者享受的保障水平仍偏低，这种因劳动力市场分割而导致社会保障处于分割的状况严重影响了社会保障公平性目标的实现。

其次，劳动力市场分割对就业产生不利影响从而影响了社会保障制度的经济基础。在没有劳动力市场分割的情况下，劳动者可以在劳动力市场上自由流动，而在存在劳动力市场分割的情况下，一级劳动力市场上的劳动者即使失业也不愿被贴上工作能力差的标签而到二级劳动力市场就业，而二级劳动力市场上的劳动者因劳动能力较差也无法进入到一级劳动力市场就业。因此，劳动力市场上失业人数会大大增加。同理，因劳动力市场分割也导致了劳动者无法在各行业、各地区之间自由流动，无法实现整个劳动力市场的充分就业。而劳动力市场上的失业者人数的增加不仅意味着他们无法缴纳社会保障费，影响了社会保障基金来源，而且也意味着政府需要通过实施社会保障制度，尤其是失业保险金的发放来保障他们在失业期间的基本生活需要，因此社会保障基金支出反而需要增加，最终影响社会保障基金的收支平衡。

最后，劳动力市场分割加剧了收入分配差距从而对社会保障制度提出了更多的挑战。在没有劳动力市场分割的情况下，虽然劳动者在生理特征和能力水平方面有一定的差异，但只要劳动者可以在劳动力市场之间自由流动，从而获得与自身价值相匹配的劳动收入，就可以基本保证获益的公平性。但是，由于劳动力市场分割的存在，劳动者在就业及工作过程中遭受着种种歧视，从而很难突破市场的天然屏障进入另一个劳动力市场；与此同时，这种分割反过来又加剧了劳动力市场上的歧视，使得不同劳动力市场对其劳动力特点有了更加明确的要求和标准。这种相互影响导致主、次劳动力市场之间的鸿沟越来越难以逾越，从而使得处于不同劳动力市场的劳动者在收入水平、福利待遇、社会地位等方面的差距日益明显且不断加大，导致城乡之间、不同产业间、行业间、体制内外的劳动者的收入差距较大，收入分配格局呈现出"两极化"倾向。据国家统计局的数据显示，1978 年我国基尼系数为 0.317，2006 年则升至 0.496，目前已基本接近 0.5 的水平。[①] 而据世界银行的测算，欧洲

---

① 研究者称中国基尼系数连续上升　贫富差距或恶化. http：//business. sohu. com/20090518/n264021545. shtml.

与日本的基尼系数仅在 0.24~0.36。收入分配差距过大迫切要求完善社会保障制度，发挥其再分配职能来缩小收入差距，以实现社会稳定，促进经济增长。

4.3.7　劳资矛盾突出对社会保障的挑战

劳资矛盾和其他社会矛盾一样，处理不当不仅会直接或间接影响我国社会稳定和发展，导致社会保障制度无法拥有一个稳定的发展环境，而且也会影响社会保障基金的收支等。当前产生劳资矛盾的主要原因之一是因为在当前就业形势严峻的情形下，劳动者处于弱势地位，使得很多劳动者不敢要求与企业签订劳动合同，更不敢要求企业为之缴纳法定的各项社会保险，最终导致在出现劳动争议时劳动者的权益得不到保障。因此，要想协调劳动关系，除了要加强劳动方面的法律的制定和执行外，也需要加强社会保障方面的法律制定和执行，将所有的劳动者纳入社会保障的保护范畴。

4.4　本章小结

从改革开放至今，我国的劳动力市场从无到有，经过三十多年的发展，中国的劳动力市场已基本形成，劳动力市场机制对资源配置的基础性作用不断增强。目前，我国劳动力市场经过长时间的发展已形成了自身的诸多特点，诸如就业压力大，结构性失业和青年群体失业严重；劳动力供给整体素质水平偏低；人口老龄化不仅导致未来劳动力供给总量减少，也导致劳动力供给的年龄相对高龄化；劳动力流动频繁；劳动就业市场化和就业方式多元化；劳动力市场存在典型的二元性；劳资矛盾日益突出；劳动力价格低廉、初次收入分配差距过大等。

　　这些特点及趋势对现行社会保障制度也产生了一系列影响，比如就业压力大，结构性失业和青年群体失业严重不仅影响社会保障基金的收支，影响到社会保障的可持续发展，而且也要求社会保障制度扩大覆盖面并重视发挥社会保障的积极作用；劳动力供给整体素质水平偏低同样需要社会保障加强培训和人力资本投资等方面的支出，以发挥促进就业的功能；人口老龄化导致的劳动力供给变化不仅将加重社会保障，尤其是养老保险负担，也对现行的退休年龄规定提出一定的挑战；劳动力流动频繁不仅要求尽快解决农民工社会保障、农村"留守老人""留守儿童"的社会保障问题，也要求完善城镇职工社会保障制度，以避免对城镇劳动力流动产生不利影响；劳动就业市场化和就业方式多元化不仅要求社会保障制度扩大覆盖范围，而且要改变现行某些制度设计以适应就业格局的变化，以将越来越多的灵活就业人员及其他在市场竞争中处于弱势地位的社会成员纳入社会保障范畴；劳动力市场分割导致我国收入分配差距过大，因此迫切要求完善社会保障制度，发挥其再分配职能来缩小收入差距；劳资矛盾突出要求加强社会保障方面法律的制定和执行，将所有的劳动者纳入社会保障的保护范畴。由此可见，我国的社会保障制度在今后的改革完善中除了要结合自身的缺陷不断进行修正外，还要结合与社会保障制度密切相关的劳动力市场，在此基础上不断进行完善。

5
=

劳动力市场视角下西方福利
制度的发展轨迹与经验借鉴

西方社会保障制度从其形成、发展、成熟直至 20 世纪 70 年代后期的改革已经过了一个周期的历程，因此考察西方福利资本主义世界的社会保障制度与劳动力市场关系的发展轨迹，在操作层次上汲取西方社会保障制度发展与改革的经验对建设我国的社会保障制度无疑是有益的。

5.1 西方福利制度发展轨迹

5.1.1 19 世纪末期以前

在人类社会的发展进程中，社会保障制度是伴随着社会经济的发展而不断发展的，是大规模就业的产物。在英国，随着劳动力的产生才出现了以救济穷人为内容的法律。在生产力水平低下的工业化以前的社会中，社会成员主要通过家庭、邻里、社区、宗教慈善组织的自助和互助等非正式的福利制度安排来满足各种需求。尤其是这一时期的宗教慈善事业、官办慈善事业和民间慈善事业等各种慈善事业共同发挥作用，为社会提供了许多可行的解贫济困方式和手段。

但工业革命开始以后，就业模式发生了较大变化，城市和非农就业为主的新就业模式逐渐取代了传统的以农村和农业就业为主的就业模式；与此同时，大量的农民纷纷离开土地进入城市务工，通过出卖自己的劳动力来维持自己和家庭的生产再生产，导致传统的家庭保障功能和土地保障功能越来越弱。再加上早期资本主义经济的自由放任竞争导致生产的无政府状态，经济危机频繁发生，贫困、失业等各种社会风险急剧增加。以工人阶级为首的劳动群众的不满日益增加，罢工、抗议等行为持续发生。在这样的社会转型背景下，仅仅依靠传统的非正式的福利制度已难以满足社会成员的各项需求。而且，此时教权衰弱、王权开始兴起，政府为了维护自己的统治，也希望通过介入济贫事务来巩固王权势力。因此，政府开始从过去的实施自由放任政策过渡到对社会经济生活进行干预，国家职能开始扩大。

开现代社会保障制度之先河的是 1601 年英国政府颁布的《济贫法》（也称《旧济贫法》）。该法令明文规定：教区对其教区内的穷人负有责任，并应对三类不同的救济对象给予区别对待。即：收容无劳动能力的穷人，如老年人、病人进救济院；教养院为有劳动能力的穷人提供劳动的机会；对于那些有劳动能力但拒绝劳动的穷人则在教养院中予以惩罚。《旧济贫法》主要强调对丧失劳动能力的穷人的照顾和为有劳动能力的穷人提供劳动机会，并不含有任何惩罚性的目的。[①]

---

① 尼古拉斯·巴尔（Zicholas Barr）. 福利国家经济学. 第一版. 郑秉文、穆怀中等译. 北京：中国劳动社会保障出版社，2004：16.

但随着工业革命的深入，英国大规模进行机器化生产，手工业迅速衰退，无业游民数量急剧增加，导致政府用于贫民救济的财政支出数额也相应急剧增加。而且18世纪以后劳动力流动频繁，传统的旧济贫法越来越不适应社会经济的发展趋势，承受着越来越大的社会压力。此时英国许多思想家如边沁、马尔萨斯等学者开始反对济贫法，如马尔萨斯认为济贫法不仅不利于缓解和消除贫困，还有可能会制造更多的贫困人员，著名的社会改革家查德威克则认为，传统的济贫制度的本质缺陷不在于它增加了人口尤其是贫困人口的数量，而在于它破坏了人的劳动本能，因此也主张对传统的济贫制度进行改革。

在此背景下，1834年英国政府颁布了《新济贫法》，规定有劳动能力的穷人必须进"贫民习艺所"才能得到救济，即实行所谓的院内救济，而且接受救济的穷人除了病人、年老及体弱者、幼儿外，其他所有人都应"按时间表起床，被安排工作和去工作"，这意味着有劳动能力者必须接受强制劳动，而济贫院内的劳动条件比最低工资收入的自由劳动者还要恶劣得多。《新济贫法》与《旧济贫法》相比，明显的不同之处在于：《旧济贫法》旨在把不附带任何歧视性的工作给有工作能力的人，而《新济贫法》则规定贫困劳工只能通过工作得到救济，并通过提供极差的保障待遇及对领取救济金者的人格蔑视来使救济金领取者数量减少。

此后，英国政府虽对《新济贫法》又做过几次修改和补充，政府也陆续出台了一系列有关社会保险和福利资助的政策，如1870年的《教育法》、1875年《公共健康法案》等，而其他许多欧洲国家此后也都实行了与英国类似的贫民救济计划，如瑞士分别在1847年和1871年制定、修改了《济贫法》，国家（或政府）取代教会等慈善机构开始介入社会事务，但是整个19世纪占据主流地位的还是自由放任的思想。而自由主义者的一般假设是：在市场经济体制下，所有愿意工作的人都可以找到工作，由此可以保证他们自身的福利。而在每个人的生活中都可能会出现贫穷、孤立无助、不安全感等各种风险，但这并不是制度的错误，而仅仅是个人缺乏远见和节俭习惯的结果。

总之，早期的社会保障制度是工业革命和城市化导致就业模式转变的结果，该时期在自由主义思想的影响下，政府实施社会保障制度主要以"贫困救济"为目的，缓解社会矛盾，政府虽颁布法律取代教会对贫困人群进行救助，但政府并没有大规模地介入社会保障事业。

5.1.2　19世纪末期至20世纪70年代末期

《济贫法》在欧洲的普遍颁布、实施，只是互助救济向社会救济转化，是国家作为社会保障责任主体承担对全体公民的保障责任的开始，是建立现代保障的准备。现代意义上的社会保障制度，是伴随着工业革命后生产社会化的发展和市场经济的建立而产生和发展起来的社会保险制度。[①] 19世纪80年代，德国一系列社会保险法令的出台，标志着德国是世界上第一个实行现代社会保障制度的国家。在凯恩斯主义等理论的影响下，1935年美国制定并颁布了《社会保障法》，其对世界各国现代社会保障制度的形成和发展产生了十分广泛的影响。

第二次世界大战以后，西方各国开始意识到，贫穷和失业不仅是由于个人的无能或懒惰造成的，也是社会不合理结构造成的，因此国家应采取积极的措施对他们进行救助，而且该时期西方各国经

---

① 孙光德，董克用主编. 社会保障概论. 第三版. 北京：中国人民大学出版社，2008：24.

济发展较快，经济的繁荣也使得各国已有能力使原来主要是解决绝大多数人温饱问题的社会保障，转而变成如何提高国民生活"质量"的问题。在国家干预思想的影响下，西方各国的社会保障事业进入快速发展时期，社会保障从原来简单的社会救济变成一个涵盖社会成员生、老、病、死、伤、残、孤、寡、失业和教育等各个方面的庞大体系。比如英国国会在 1945 年至 1948 年的四年时间里，先后通过并实施了家庭补助法、国民保险法、工业伤害保险法、国民健康服务法和国民救助法五大法案，加上以前已经颁布实施的国民住宅法、劳动交换法、职业训练法等，基本对其国民从"摇篮到坟墓"的各项需求均给予了保障。1948 年，英国宣布已建成"福利国家"。此后，世界上其他许多国家相继设立和完善各自的社会保障项目和制度，纷纷建成了福利国家。而福利国家的特点之一就是把创造就业机会、实现充分就业作为政府扩大有效需求和消除社会矛盾的重要措施。

总之，在这一时期，现代社会保障制度逐渐建立起来。而这一时期的社会保障，是以"收入维持"为制度特征，以充分就业为政策目标的。因此，在这一时期劳动力市场与社会保障的互动关系逐步形成并发展起来。

5.1.3 20 世纪 70 年代末期至 90 年代中期

西方社会福利制度的设计给战后的资本主义世界带来了经济稳定和繁荣，也促进了西方社会的政治稳定，但福利国家体系的创立是以一定的经济增长和充分就业的设想为依据的。随着"石油危机"的爆发，经济高速增长时期随之终结。经济的衰退和社会环境的变化，不仅意味着在既定的投资水平条件下维持充分就业遇到较大困难，也导致了福利国家面临着诸多压力和挑战。

1）社会保障自身设计导致诸多问题

（1）社会保障支出日益膨胀给财政造成很大压力。在 20 世纪 70 年代以前，发达国家经历了二十多年的经济高速增长，为社会保障支出提供了可靠的物质基础。但 70 年代中后期以来，经济发展速度有所放缓，失业问题更为严重。经济发展速度放缓导致财政收入减少，而失业者增多不仅意味着缴纳社会保障资金的人数减少，而且领取社会保障资金的人数增加，加重了社会保障制度的财务支出压力（见表 5 - 1）。

表 5 - 1　　　　　　　　福利国家政府社会保障支出占
GDP 比例（1960 ~ 1980 年）　　　　单位：%

年份	瑞典	荷兰	联邦德国	英国	加拿大	瑞士	美国	澳大利亚	日本
1960	10.8	11.7	18.1	10.2	9.1	4.9	7.3	7.4	4.1
1965	13.2	17.1	19.0	11.7	9.0	6.8	7.9	7.6	5.5
1970	16.7	22.5	19.5	13.2	11.8	8.5	10.4	7.4	5.7
1975	21.2	29.6	27.1	15.6	15.4	13.6	14.5	12.7	9.3
1980	25.9	28.3	25.7	16.4	15.0	14.5	15.0	12.8	11.9

资料来源：OECD，转引自"Economic theory and the Welfare State by Nicholas Barr Journal of Economic Literature"，June 1992，759.

（2）高福利影响经济效率。福利国家的典型特征之一就是高福利。较高水平的社会保障意味着企业要缴纳较高的社会保障税（费）。据数据显示，法国、德国、英国等国的社会保障费用超过了雇员平均工资的20%。[1] 这不仅导致企业生产成本上升，削弱了企业的市场竞争力，降低了经济效益，也进一步对劳动力需求产生了

①　Global Employment Trends Brief, 2007.

消极影响，导致失业率持续走高。从表 5 - 2 我们可以看出，20 世纪 70 年代初期，西方很多国家的失业率并不高，多在 1% ~ 3%，但到 20 世纪 80 年代初期，仅仅经过了 10 年时间，各国的失业率普遍增长到 10% 左右，甚至爱尔兰达到 14%。而且过高的社会保障水平也损害了劳动者的工作积极性并助长了人们的依赖行为，导致提前退休现象严重，这可以从许多国家法定退休年龄和工人终止就业的实际年龄之间的差距中体现出来。从表 5 - 3 我们可以看出，虽然各个国家都规定了法定退休年龄，但高福利的实施使得社会实际平均退休年龄均低于法定退休年龄 5 年左右。提前退休不仅意味着劳动力参与率下降（见表 5 - 4），难以满足劳动力市场对劳动力的需求，影响了国家经济增长，也意味着缴纳社会保障费用的人数减少，影响了社会保障的基金来源进而影响了社会保障制度的可持续发展。

表 5 - 2   1973 ~ 1983 年西欧部分国家的失业率

国家	失业人口占总劳动人口的百分比（%）		
	1973 年	1979 年	1983 年
联邦德国	1.0	3.3	8.2
法国	2.7	6.0	8.4
英国	2.1	4.5	11.2
比利时	2.3	7.3	12.9
爱尔兰	5.7	7.1	14.0

资料来源：20 世纪 90 年代的充分就业计划：克雷斯基欧洲就业问题委员会报告。

表 5 - 3   部分国家劳动力标准和实际平均退休年龄（1990 ~ 1994 年）

国家	男性		女性	
	标准年龄	实际退休年龄	标准年龄	实际退休年龄
阿尔巴尼亚	60.0	56.0	55.0	52.0

续表

国家	男性		女性	
	标准年龄	实际退休年龄	标准年龄	实际退休年龄
奥地利	65.0	62.0	60.0	59.0
比利时	65.0	63.3	60.0	60.7
芬兰	65.0	61.9	65.0	62.5
德国	65.0	62.8	65.0	63.4
匈牙利	60.0	58.0	55.0	54.0
卢森堡	65.0	60.6	65.0	63.0
波兰	65.0	59.0	60.0	55.0
罗马尼亚	60.0	57.0	60.0	53.0
瑞典	65.0	59.0	65.0	59.0

资料来源：达尔默·D. 霍斯金斯等编. 21 世纪初的社会保障. 侯宝琴译. 北京：中国劳动社会保障出版社，2004：156。

表 5 - 4　部分国家（地区）20 世纪 60 年代初期至 80 年代末期

男性老年人劳动力参与的变化　　　　单位：%

	65 岁及以上			55 ~ 64 岁		
	1960 ~ 1966 年	1986 ~ 1990 年	变化	1960 ~ 1966 年	1986 ~ 1990 年	变化
日本	54.3	39.2	- 15.1	87.8	86.5	- 1.3
卢森堡	15.6	2.5	- 13.1	66.4	34.1	- 32.3
荷兰	19.9	3.9	- 16.0	87.7	45.7	- 42.0
葡萄牙	62.6	20.0	- 42.6	86.1	66.9	- 19.2
西班牙	55.5	3.7	- 51.8	91.9	61.7	- 30.2
瑞典	23.9	10.7	- 13.2	87.5	75.4	- 12.1
英国	23.4	8.6	- 14.8	91.3	67.9	- 23.4
美国	29.7	15.5	- 14.2	83.6	67.1	- 16.5

资料来源：世界银行. 防止老龄危机——保护老年人和促进增长的政策. 北京：中国财政经济出版社，1996：206。

2）社会保障制度受到诸多外部环境变化的挑战

自 20 世纪 80 年代后，受到当代科技、管理、消费和就业领域革命的影响，后工业社会的观念应运而生。社会经济发展中出现诸多新的特征，如人口老龄化、经济全球化等。这些新特征的出现给福利国家的社会保障制度设计带来了诸多挑战。

（1）人口老龄化对社会保障的影响。

"二战"以后，西方国家的经济进入一个快速增长的时期，人们的生活水平和社会的医疗水平也得以日益提高，社会成员的人均寿命大大增加，如欧盟成员国的人均寿命从刚建立福利国家时的 66 岁上升到了 76 岁。[①] 人口老龄化意味着两个趋势：一个趋势是劳动者退休以后领取退休金的时间延长了，如美国在 1935 年建立养老保障制度时，其男性劳动力在退休后领取退休金的期限平均为 11.9 年，女性平均为 13.4 年，而到了 1990 年，男性和女性劳动力在退休后领取退休金的期限平均达到了 15 年和 18.8 年。[②] 另一个趋势是在退休年龄不变的情况下意味着缴费时间的相对缩短。这两个趋势导致国家的养老金支出占国民收入的比重大大增加（见表 5-5）。

表 5-5　　　人口对养老金支出在国民收入中的比例的影响　　单位：%

国家	1984 年		2000 年		2020 年		2040 年	
	养老金支出比例	老龄人口比例	养老金支出比例	老龄人口比例	养老金支出比例	老龄人口比例	养老金支出比例	老龄人口比例
德国	13.70	15.50	16.40	17.10	21.60	20.30	31.10	21.70
丹麦	10.10	14.40	9.50	14.90	13.50	16.70	18.70	20.10

---

① 周弘. 福利的解析——来自欧美的启示. 第一版. 上海：上海远东出版社，1998：144.

② 张士斌. 劳动力市场变化与中国社会养老保障改革——基于对国外养老保障制度的历史考察. 经济社会体制比较，2010，2：125.

续表

国家	1984 年		2000 年		2020 年		2040 年	
	养老金支出比例	老龄人口比例	养老金支出比例	老龄人口比例	养老金支出比例	老龄人口比例	养老金支出比例	老龄人口比例
法国	14.30	14.00	16.50	15.30	21.60	16.30	27.00	19.40
英国	7.70	14.90	7.50	14.50	8.60	14.60	11.20	16.30
美国	8.10	11.30	8.20	12.50	11.30	12.80	14.60	16.20
日本	6.00	9.10	9.40	15.20	14.00	18.60	15.70	20.90

资料来源：卡特琳·米尔丝著. 社会保障经济学. 郑秉文译. 北京：法律出版社，2003：328 – 329。

（2）经济全球化对社会保障的影响。

经济全球化已成为当今时代的基本特征，经济全球化时代下生产方式、工作组织方式及劳动就业模式等发生了根本性变革，这对福利国家也产生了诸多影响。

首先，全球化背景下劳动力的跨国流动对社会保障的影响。经济全球化使世界各国的劳动力市场进一步开放，促进了劳动力在国与国之间的流动。据国际劳工组织估算，全世界约有 1.4 亿人在国外工作，每年全球劳动人口流动达 6000 万人，而且还在不断增加[①]。而不同国家的社会保障制度有所差异，甚至相去甚远，因此劳动力的跨国流动，必然带来养老、失业、医疗、工伤等社会保障的国际问题。

其次，全球化背景下失业对社会保障的影响。随着经济全球化程度的加深，全球范围内的大规模失业问题日益突出。目前失业已成为各国所面临的最严重的社会问题之一。失业人员数量的大幅增加不仅意味着社会保障资金的来源减少，而且意味着社会保障的支

---

① 崔岩. 国际劳动力流动现状及发展趋势. 国际工程与劳务，2006，8：15.

出增加，给社会保障的可持续发展带来一定的挑战。

最后，全球化背景下劳资问题对社会保障的影响。经济全球化使得资本可以在全球范围内进行流动来寻找更为廉价的劳动力，这导致在原来一国国内建立的资本与劳工达成的均衡被打破，如福利国家高水平的福利制度使得劳动力成本较高，而拉丁美洲和亚洲的一些国家和地区的劳动力相对便宜，所以福利国家的资本就可以向这些国家流动。可见，经济全球化使得资本对工人的依赖程度大大降低，但工人却仍然还得依赖资本。双方关系发生转化，即资本地位的日益强势化与劳工地位的相对弱势化，这就使社会保障在维护劳工权益方面产生了危机。

（3）就业结构的变化和新的就业形式的挑战。

首先，性别角色的转变对福利国家的制度设计提出的挑战。在工业化以前的经济社会中，主要是男性在劳动力市场从事市场劳动，而女性主要从事家务劳动，因此当时的福利制度主要是针对男性设计的，其覆盖对象也主要是男性。但是随着社会经济的发展和女性受教育机会的增加，越来越多的女性进入劳动力市场从事市场劳动，而且由于性别角色的不同，导致女性在进入劳动力市场工作一段时间后由于生育又退出劳动力市场，而后可能会重新进入劳动力市场，即其劳动力供给的生命周期不同于男性，此外许多女性在劳动力市场从事非正规就业，这不仅对传统的针对男性正规就业的福利制度设计提出挑战，而且也使如何保障女性劳动者的社会保障权益问题变得急迫。其次，多种就业形式的兴起给福利国家制度设计提出一定的挑战。20世纪70年代以来，非正规就业现象迅速增加，社会上出现了越来越多的临时工、小时工、家庭雇工等，打破了传统的工业社会长期稳定的工厂雇佣模式。这些变化均对福利国家原先的社会福利制度设计提出了新的要求。

总之，20世纪70年代末期以后随着经济高速增长时期的终结，福利国家面临着前所未有的困境。政府过度干预的政策导致了严重的经济"滞胀"，而经济的衰退不仅意味着在既定的投资水平条件下维持充分就业遇到更大的困难，也导致了福利国家面临日益加大的财政赤字。财政赤字的增加使得西方国家不得不实行高税收政策来维持社会保障制度的正常运转，而高税收不仅提高了企业的生产成本，损害了企业所生产的产品在国际市场上的竞争力，也损害了在职劳动者的工作积极性。尤为严重的是，高福利也加大了社会保障金领取对象对社会保障制度的依赖，产生了大量的所谓的"福利依赖"者。因此，福利国家面临着改革的压力。如美国战略与国际问题研究中心的保罗·S·休伊特教授认为，战后老龄化问题及其导致的相关问题将使福利国家终结。① 而一些激进的自由主义者更是认为，福利国家显然已经走到了终点，濒临绝境。因此，此时主张国家干预的凯恩斯主义理论也受到无情的抨击，新自由主义经济理论（理性预期学派、供给学派、货币主义学派等）开始受到各个国家政府的青睐与追捧。

新自由主义经济理论赞成实施剩余性的社会福利制度，而不赞成福利国家所实施的普遍性的社会福利制度，认为在社会福利的提供方面，应强调社会成员个人的责任，应该从政府提供向市场提供转变，而且福利国家过高的社会福利水平导致社会成员对社会福利制度过分依赖，助长了人的贪婪和自私，不仅造成了大量的长期依赖社会福利金生活而不愿重新进入劳动力市场寻找新的工作的所谓福利依赖者，也抑制了在职劳动者的工作积极性，导致失业率居高不下和福利资源的浪费，影响了经济的发展，损害了社会福利制度存在和发展的物质基础。因此，新自由主义主张改革社会福利制度，其改革方向是反对国家干预、引入竞争机制、实行私有化或公

---

① 保罗·S·休伊特. 战后福利国家的终结. 华盛顿季刊，2002 年春季号.

私合作，削减社会福利开支，调整社会福利内容和结构，严格社会福利的申请资格，缩短社会福利领取期限，降低社会福利金水平，从而"激活"社会福利依赖者，促使他们积极地重返劳动力市场。在新自由主义思想的影响下，西方许多福利国家纷纷开始实行从紧的社会福利支出政策。

总之，在这一时期，"失业"成为社会常态，而社会保障政策的重心由公平转向效率，是针对政府"失灵"而实施的市场化效率性的变革。这也算是对福利性开支过快增长的反省，劳动力市场与社会保障的互动关系进入一个新的发展时期。

5.1.4　20世纪90年代中期至今

20世纪90年代中期以后，许多西方国家政府意识到过激实施新自由主义政策所带来的一系列社会问题，诸如贫富分化加剧，经济发展停滞，社会秩序混乱等各种严重的社会问题。于是以英国吉登斯为代表的一批学者开始进行重塑国家社会保障制度的研究，并最终提出了"第三条道路"。

"第三条道路"思想承认新自由主义学派对福利国家的社会福利制度的诸如高福利会产生福利依赖，影响经济的发展，扭曲社会福利制度建立的初衷等方面的批评，但"第三条道路"认为新自由主义将劳动者简单推向市场的做法是不可取的。"第三条道路"认为应同时借鉴新自由主义和福利国家的积极做法，提出的折衷办法就是重新界定政府与个人之间的契约关系，将"消极福利"转变为"积极福利"，旨在将"福利国家"转变为"社会投资型国家"（social investment state）。所谓"社会投资型国家"，按照吉登斯的理解，主要是指国家将在任何可能的情况下通过教育和培训的途径投资于人力资本，而尽量不直接给予利益或提供经济资助。① 即政府的功能应当从传统的仅注重对社会成员提供经济援助转变为对社会成员，尤其是有劳动能力的劳动者进行人力资本投资，为他们提供教育和培训的机会，提高他们在劳动力市场的竞争力，帮助他们适应就业。②

此外，美国加州大学的社会福利学者詹姆斯·米奇利（James Midgley）提出的发展型社会福利政策理论也认为应该把社会福利和经济发展整合起来。詹姆斯·米奇利认为传统的诸如慈善、社会工作和社会行政等社会福利手段都没有从宏观上把社会福利和经济发展相联系起来，社会发展型社会福利观是主张把社会当作一个整体来促进福利的增加，而且是依靠人们的创造性生产劳动来促进社会福利的增加。他指出，要建立正式的组织机构（通常是中央计划部门），整合社会政策和经济政策，一方面要保证经济发展对所有公民的社会福利产生积极的影响，另一方面社会政策也要有利于经济的持续发展。因此，教育、职业培训、健康、儿童福利等社会政策应当优于纯粹治疗性或功能维持的社会政策。③

"第三条道路"理论和发展型社会福利政策等理论的主张很快得到了英国、德国等欧洲国家的响应，从而开始了新一轮的社会福利政策改革。改革的主要措施有：

一是对社会福利进行目标定位。由于高福利导致西方国家财政困难不断加剧、社会福利资源的稀缺性等因素的影响，"目标定位"成为西方发达国家进行社会福利制度改革时采用的一种新的方法，

　　① 安东尼·吉登斯. 左派瘫痪之后. 新政治家，1998 – 05 – 01.
　　② 安东尼·吉登斯著. 第三条道路：社会民主主义的复兴. 第一版. 郑戈译. 北京：北京大学出版社，2000：132.
　　③ James Midgley, Social Development：The Development Perspective in Social Welfare. London：SAGE Publication，1995.

且被很多国家所采纳。对于"目标定位"的概念，不同的学者有不同的理解，如有学者将其定义为"目标定位是指把社会保障资源分配给人口中的一个特定子群体（通常是那些被认为是最贫困的人）的过程"，还有的学者认为，"目标定位"一词实际上就是"家计调查"的委婉说法而已，他们认为"任何试图确立一项社会风险和相关受益人（受保护者）的做法都可以被称作为目标定位"。而尼尔－吉尔伯特认为，目标定位可以被理解为公共福利支出的目标指向的一种方式。从广义上讲，任何一项社会风险（例如残疾、年老、怀孕、贫困、疾病、失业、工伤等）和相关受益人（残疾人、老年人、孕妇、穷人、病人、失业者、工伤者）的确定都可以被称为目标定位。而狭义的目标定位是指把福利资源分配给最需要或最贫困的人群，即选择"最需要或最贫困人群"的过程。从目标定位的定义来看，它实际上涉及两个问题：一是如何界定目标定位政策中的"有需要的人"，或者说如何定义"最需要的人"；二是如何将有限的资源定位于"最需要的人身上"。

为了防止高福利产生的负激励效应，西方国家的社会福利除了继续采用传统的类别定位、财富定位和需求定位之外，还引入了行为定位、道德定位等新的目标定位方法筛选救助对象，要求获得援助者必须能够证明自己是应该获得援助的，以提高社会福利的针对性和目标性。[①] 如 1996 年美国废除了"未成年子女家庭援助（AFDC）"，实施了新的"困难家庭临时援助（TANF）"。两者的主要区别在于：前者是对经济状况得不到保障的贫困家庭的单身母亲及其孩子提供无期限的收入援助保障；而后者的救助条件则较严格，它援助的对象不仅是最需要的人，而且还是个人行为符合社会

---

① 尼尔－吉尔伯特著. 社会福利的目标定位：全球发展趋势与展望. 北京：中国劳动社会保障出版社，2004：1 – 3.

道德标准的人。克林顿政府要求在享受 TANF 期间单亲父母每周工作至少 20 小时，2000 年增加到 30 小时，布什政府进一步将时间增加到 40 小时；另外，为其提供儿童照顾、教育、培训和就业服务。两年之后，便要求他们进入劳动力市场自谋职业或者接受政府的工作安置。①

二是实施工作导向型的福利政策，通过社会福利政策导向激活失业者，鼓励人们积极就业。在具体实施中，许多发达国家主要是规定有劳动能力的救助对象必须积极寻找工作。这些措施包括要求他们到劳动部门进行失业登记、参加职业培训计划及接受所提供的就业机会，否则就要受到诸如取消资格、减发甚至停发救助金的处罚。如 20 世纪 90 年代，英国把过去单纯性的"失业福利"转变为向那些准备再就业的人发放的"工作福利"。② 具体来讲，1996 年英国取消了"失业津贴"代之以"求职者津贴"，结束了失业人员长期依靠领取失业津贴生活的时代。"求职者津贴"规定，"津贴领取者必须签订一份详细规定求职活动的'求职者协议'，若不履行协议中的条款，求职者必须接受一份指定的工作或参加就业培训，否则将会受到惩罚"。1998 年，英国政府正式出版了福利制度的改革方向和改革原则的绿皮书——《英国的新蓝图：新的福利契约》，

① 赵淑兰，黄光芬. 美国工作福利制对中国低保救助的启示. 云南行政学院学报，2007，6：115.

② 工作福利（workfare）的含义在欧美之间是存在很大区别的。在欧洲它主要是一个改革口号，是改革取向的一种描述，其含义是"为你的福利而工作"（work-for-your-welfare，有时也被缩写为 welfare-for-work）。但在美国，"工作福利"这个概念更多地是指一项福利政策，经常特指"社会救助"这个最低福利安全网。虽然工作福利制的概念在国外的学术界并没有统一，但对于其基本特点的认识大体是一致的：（1）针对有劳动能力的被救助者；（2）被救助者必须要用工作来回报他们所得到的救助金；（3）工作福利制的工作条件要低于劳动力市场中同等工作的条件；（4）在公共收入维持体系的最底层中实施。所以工作福利制是一项强制的劳动力市场计划，被救助者需要为救助金而工作，这种工作的报酬常常低于开放的劳动力市场的正常工资。

其中明确指出：改革的原则，以及英国未来福利国家发展的基本方向就是"使能工作者工作，使不能工作者得到保障"。1998 年 1 月英国工党政府开始实施一系列促进就业的"新政"计划。"新政"的主要内容是：首先，由各区就业中心为被确定的本辖区的每一位实施对象配一名就业服务顾问，进行一对一的就业咨询指导，帮助求职者尽快找到合适的工作岗位。其次，是为所有参加"新政"计划的求职者确立为期 4 个月的强化就业服务期，为其举办短期面试技巧培训班，帮其恢复就业自信心，为其提供个人发展咨询或提供特殊培训等措施。[①] 此外，"新政"计划还针对不同的求职者群体实施不同的强化政策。如专门针对青年人实施了"旗舰计划"，该计划规定：政府将安排专家为 18~24 岁的年轻人提供诸如教育和培训等就业方面的帮助，之后如果仍然找不到工作，可以从接受全日制的教育、做 6 个月的义工、接受一份环保的工作或一份资助性的工作（外加每周一次的培训）四个当中进行选择，如果不愿进行任何选择的话，则被剥夺享受社会福利的资格。英国政府所实施的这一系列社会福利政策大大调动了社会成员参加工作的积极性，取得了很好的效果。截至 1999 年 4 月，有 47.1% 的失业人员选择了教育和培训，20.5% 的失业人员选择了就业。[②]美国则于 1996 年以《困难家庭临时援助》（Temporary Assistance for Needly Families）取代了实施六十多年的《未成年子女家庭援助》（Aidto Families with Dependent Children，AFDC）。根据新规定，原来的子女家庭救助领取的最长期限是两年，如果两年后仍未就业，父母就必须参加由政府补助的就业计划。

---

① 沈琴琴，杨伟国. 全球视野下的劳动力市场政策. 北京：中国劳动社会保障出版社，2008：80.

② 原媛. 以社会保障促进农民工就业——基于"第三条道路"福利观的思考. 现代经济信息，2009，11：76-77.

　　三是变"福利国家"为"社会投资国家"。传统的福利国家是基于国民身份而实施的高水平、多项目的"从摇篮到坟墓"的社会福利制度,这种福利制度的结果就是劳动者的工作积极性大大降低,而与此同时高福利又意味着企业的高税赋,抑制了企业的再投资热情,进而抑制了国家的经济增长速度,使得国家财政不堪重负。但由于福利具有不可逆性,各政党为了赢得选票都会向民众承诺高福利。因此,福利国家陷入严重的"福利陷阱"。为解决这种"福利陷阱",第三条道路提出用"社会投资国家"取代"福利国家",应推行积极福利政策,他们认为:推行取消劳动力市场管制的政策并不是解决失业问题的有效措施,福利支出应当维持在欧洲的水准上,但是应当把这些支出主要引向人力资源的投资上,而最好不要直接提供经济帮助。对人力资源的投资,是主要经济部门中的企业所拥有的最主要的缩小社会差距的资源。政府需要强调终身教育,以便能推出一些配套的教育项目,使人们在童年时期就可以开始接受教育,而且这种教育的过程可以持续到老年。政策的取向,不是要让人们依赖无条件的福利,而是要鼓励储蓄、利用教育资源及其他个人投资机会。[①] 为了提高社会成员进入劳动力市场的能力和适应信息技术的发展需要,20 世纪 90 年代末,英国和德国政府相继加大了社会福利在教育、培训等能够提高社会成员人力资本含量方面的支出力度,"对学校进行新投资以给年轻人所必须的技能"成为政府实施新的社会福利政策的重中之重。如布莱尔政府执政期间,不断提高教育投资占 GDP 的比例,由保守党时期的4.6% 提高到 5.1% 左右。在就业培训方面,1999 年英国有 15.9% 的工作年龄的人接受了岗位培训,接受培训的年轻就业者的人数是年长者的 2.5 倍。为推动"终身学习"战略,政府建立了个人学习

---

① 　安东尼·吉登斯. 第三条道路. 北京:北京大学出版社,2000:126 – 129.

账户，并与企业沟通合作，企业在招收新雇员时，可向政府申请职业培训费。德国政府改革方案也规定，企业必须提供培训岗位，否则向其征收培训费。[1]

四是降低社会福利救济金领取水平甚至取消领取社会福利救济金的资格，缩短社会福利救济金的领取期限。理论和实证研究均表明，失业率与失业保险金和失业救济金领取水平、领取期限之间存在着正向关系。失业保险金和失业救济金领取水平越高，领取期限越长，失业率就会越高；反之，当失业保险金和失业救济金领取水平和领取期限减少时，失业率也会随之降低。[2] 因此许多国家降低了失业救济金水平和缩短了领取期限，甚至对于拒绝工作的长期失业者，减少直至取消社会救济，以避免他们对社会福利制度的过分依赖。[3] 如世界上最早建立健全社会保险体系的国家——德国，自20世纪70年代以来经济就一直处于低迷状况，也与其他许多欧洲福利国家一样，面临着高水平的社会福利所带来的各种经济和社会问题，如财政不堪重负、失业压力过大等。因此，自2002年起施罗德政府实施了从"哈茨Ⅰ"到"哈茨Ⅳ"的改革方案，尤其是其中最重要的"哈茨Ⅳ"计划于2005年1月1日起实施，其最重要的内容是引入了"失业金Ⅱ"，"失业金Ⅱ"计划不仅规定劳动者在失业之后可领取失业保险金的时间缩短到12个月（55岁以上的失业者为18个月），而且还规定：主管部门会给失业金领取者提供工作，只要身体和精神能够达到工作要求，失业者就不应当拒绝，否则会受到降低失业金的惩罚，只有当领取者需要看护三岁以下的孩子时，才

① 杨玲．"第三条道路"与福利国家改革．长白学刊，2004（5）：23.
② 罗伯特·索洛，格特路德·希梅尔法尔．工作与福利．第一版．北京：中国社会科学出版社，2010：序言一.
③ 肖巍，钱箭星．发展型福利与社会保障体制的效率问题———从福利国家改革说起．复旦学报（社会科学版），2011，5：117－118.

可以免除工作的责任。再比如，荷兰 1987 年颁布的失业保险津贴法，首先规定只有那些至少有 4 年工作经历、在失业前 52 周中至少工作了 26 周的非自愿失业者，才有资格申请延长失业保险津贴；其次缩短和降低了领取延长失业保险津贴的时间和数额，领取延长失业保险津贴的时间从原来的 2 年改为了 1 年。丹麦的特殊政策是在缩短领取年数和提高资格条件的情况下继续维持慷慨的救济金，伴随以日益严格的"积极寻求再就业"的要求，2002 年起丹麦要求在领取失业救济金一年后就必须参与"积极的劳动力市场政策"。①

此外，发达国家在实施积极的社会福利政策的同时，也实施积极的劳动力市场政策，包括提供职业介绍和择业辅导服务、培训设施、工资补贴，以及创造就业机会等。许多国家规定市级政府有义务提供就业机会计划。与此同时，许多国家出台了鼓励救助对象参加工作或自谋职业的优惠政策。这些政策包括小额工作补助、一笔奖励，以及对自谋职业的对象提供贷款或补助。如英国的家庭奖励——对有孩子家庭父母参加工作的奖励和美国的工作收入的税收奖励。②

总之，这一段时期许多国家建立和实施的是"积极的福利社会"和"积极的劳动力市场"，其基本目标是防止有工作能力的人因为高福利或其他原因而离开劳动力市场，并充分保障那些没有工作能力的人的基本生活。总体而言，这一时期的社会福利制度改革主要是针对高福利对就业产生的消极影响而实施的。这一时期，福利国家政府通过实施积极的社会福利制度帮助人们提高其参与劳动力市场的能力，增加劳动者在劳动力市场上的就业机会和就业竞争

---

① 欧洲劳动力市场改革的几个成功案例及其启示. http：//www. xzbu. com/1/view - 180010. htm.

② 姜丽美. 城市低保制度次生问题研究. 城市问题，2009（10）：92.

力，鼓励人们通过工作摆脱贫困和对社会福利制度的依赖，使得社会福利与就业之间的关系得到了重新调整。从本质上讲，这一时期，社会保障与劳动力市场的互动关系更加趋向成熟。[①]

5.2　对西方福利制度的发展轨迹的评价及其经验借鉴

5.2.1　对西方福利制度的发展轨迹的评价

1）19 世纪末期以前西方福利制度的评价

早期福利政策的缔造者们的坚定信念是，社会为每个人提供了充分的机会，个人福利是个人的责任而不是国家或社会的责任，个人理应依靠个人的努力为自己提供较好的生活与发展条件，个人生活中的各种问题，如贫困、失业等主要是由于自己的懒惰等原因造成的而不是社会的过错造成的，社会保障应仅限于对年老、体弱、患病等没有劳动能力参与到劳动力市场中去的人们提供帮助。这种严格福利政策影响劳动力市场的准则在早期家计调查和低额给付（以确保工作者的边际效用高于福利依赖者的效用）的社会救助计划中有明显的体现。

总体而言，19 世纪末期以前的社保制度是一种补缺型的福利模式，这种福利制度的优点在于：可以避免社会权利的无条件的扩张，能较准确地确保将有限的社会保障资源保留给那些最需要帮助

---

① 徐月宾，张秀兰. 中国政府在社会福利中的角色重建. 中国社会科学，2005，5：80－92.

的人群，促使有劳动能力者选择工作而不是福利，尽可能地依靠自己的劳动能力摆脱贫困，这有利于节省社会福利开支。但是这一时期的福利制度缺陷在于：

首先，该时期的社会福利制度是一种消极的福利制度，它只注重风险发生后的救济功能，而不注重预防风险的发生和采取积极的措施帮助贫困者，尤其是有劳动能力者摆脱贫困状态等。因此，不仅不利于提高有劳动能力的贫困者自身劳动能力的提升，帮助他们重返劳动力市场，也不利于社会救济开支的缩减。

其次，早期的救济还兼有强迫劳动的性质，如《新济贫法》规定有劳动能力的失业者必须进"贫民习艺所"才能得到救济，而"贫民习艺所"的条件比最低工资收入的自由劳动者还要恶劣得多。这种强迫劳动的做法不仅不利于有劳动能力者改变贫困状态，而且更加引起贫民的反抗，不利于社会的稳定。

最后，该时期的社会救济也阻碍了劳动力的自由流动。如当时的英国政府认为穷人流浪影响了社会的正常运作秩序，因此1662年实施了《住所法》。根据《住所法》的规定，穷人只有在其出生地才可能得到政府的救济。但随着圈地运动的进行，失去土地的农民越来越多，生活失去了经济来源，而由于《住所法》的限制，这些人无法到城镇寻找工作而只能依赖其教区提供的微薄的救济金维持生存。因此，当时的社会救济制度阻碍了劳动力的自由流动。这不仅无法保证资本主义工业化生产所需要的劳动力，影响了经济发展，也使得政府的社会救济金支出水平日益增加。

总之，这一时期济贫法的实施奠定了英国乃至欧美各国现代社会救助立法的基础，开创了用国家立法推动社会保障事业的先河。但是这种补救型模式只负责特殊社会群体的保障，保障水平的低水准不仅无法保证提高人民的生活水平，改善贫困阶层的福利状况，而且这种消极的救济制度也无法帮助有劳动能力的贫民自力更生、自食其力，反而有可能使他们沦为永久的贫民。

2）19 世纪末期至 20 世纪 70 年代末期西方福利制度的评价

半个世纪以来社会保障制度的广泛实施，取得了人所共知的社会效果，不仅实现了所谓的充分就业，社会贫富差距也得以缩小，为经济发展和劳动力市场的良性运行提供了一个稳定的社会环境。福利国家的建立为雇佣劳动者本人及其家庭将来可能面临的生、老、病、死、失业等各种风险提供了保障，因此被认为是"雇佣劳动者的胜利"。而且这一时期通过实施社会福利制度而帮助人们获得工作岗位，实现充分就业，有助于人们获得社会地位，融入社会经济生活。

但是，高水平的社会福利制度对劳动力市场产生的不利影响也不可小觑。正如英国的托尼·布莱尔所言，"它不仅未能有效地缓解贫困和恰当地帮助人们独立，反而使更多的人开始依赖社会福利制度。最终既导致福利国家的创始原则未能实现，也导致福利国家背上了沉重的财政负担。"[1] 由此可见，高福利不仅使许多有劳动能力者长期地依赖社会福利制度，产生了所谓的"福利依赖"，也导致企业的缴费负担加重，直接降低了企业的国际竞争力，影响了国家经济发展，也损害了社会保障制度赖以存在和发展的物质基础。

3）20 世纪 70 年代末期至 20 世纪 90 年代中期西方福利制度的评价

该时期的社会福利制度相比 19 世纪末至 20 世纪 70 年代末期时期的社会福利制度，虽然在覆盖面、保障水平等方面有所下降，但是该时期新自由主义政党所采取的削减社会福利支出等措施在激活市场、提高经济活力和维持国家竞争力等方面取得了一定的成效。

---

① 托尼·布莱尔. 新英国：我对一个年轻国家的展望. 第一版. 北京：世界知识出版社，1998：339.

而且该时期的福利制度更加强调被救助者的责任和义务，从而提高了救助对象个人的工作努力水平。实践证明，这种救助手段对活跃市场、激发经济动能、提高竞争能力起到了一定的积极作用，也可以有效地降低被救助者对救助体系的依赖，提高救助对象的就业率，降低政府的福利支出。但新自由主义这种简单地将劳动力抛向市场去寻求工作的做法是以牺牲社会公正、造成社会分裂为代价的，因此改革也带来了另一些社会问题和矛盾，如贫富差距扩大、失业增加、社会安全感降低、人心不稳，甚至引发了大规模的工人罢工和游行，同时也导致劳动力市场当中许多有劳动能力者虽有工作，但依然过着较贫困的生活，即"有工作的穷人"数量增多，社会贫富差距进一步拉大，这是有悖社会福利的实施和改革初衷的。而且，该时期的福利制度也忽视了其积极功能的发挥。所以这一时期的社会福利制度改革又促使人们对福利制度建设作出进一步的思考，即保持原来的社会福利框架不可行，完全实行市场机制也行不通。

4）20 世纪 90 年代中期以来西方福利制度的评价

　　该时期的社会福利制度在 20 世纪 70 年代以后至 20 世纪 90 年代时期的社会福利制度基础上，虽然仍注重将福利与工作紧密联系起来，但是该时期的社会福利制度既不像新自由主义那样简单地将劳动力抛向市场去寻求工作，也不是像传统的福利国家那样过多地注重强调事后补救和结果平等。政府开始意识到仅仅将劳动力简单地抛向市场去寻求就业和生活保障的做法是存在缺陷的，于是改变了传统的片面追求充分就业和"对工作的再分配"的目标[①]，而开始强调对劳动力市场的积极干预，公平与效率同时兼顾，针对有劳动能力者主张积极的、能够促进就业的福利，将投资重点放在人力资本投资上，以提高劳动者的素质和个人能力，帮助他们重返劳动

---

① 斯蒂文·卢克斯. 放弃中间. 泰晤士文学评论副刊，1998 – 05 – 11.

力市场。

该时期的福利制度不仅强调被救助者的责任和义务，提高了救助对象的工作努力程度，降低了失业率，而且通过政府的人力资本投资劳动者的人力资本素质大大提高，有助于提高劳动者在劳动力市场的竞争力，提高就业质量，缩小贫富差距，也有助于促进经济增长。如英国布莱尔政府自1997年执政后，改革效果非常明显，英国经济持续增长，经济年增长率在2%上下浮动，位居西方工业国家前列。而且英国的失业率也明显下降，从历史上年轻人长期失业人数高达35万人降到现在5000人左右，为之前的25年最低。单身父母就业率也是历史上最高的。① 法国若斯潘政府通过实施反就业歧视法、"青年就业"等措施使得失业人数大量减少，2001年较1997年上台执政时减少了近100万人。此外，填补了社会保障基金的长期巨额亏损状况，1996年法国社会保障基金亏损达到540亿法郎，但经过若斯潘政府几年的努力，社会保障基金实现了略有结余的结果②。瑞典政府在社会福利制度的改革过程中偏重于"社会投资"，鼓励人们积极参与工作的热情，积极参加职业培训。瑞典的社会福利制度也取得了明显的改革成果。1999年以来，欧元区经济增长了8.6%，失业率为8.9%，而瑞典同期经济增长则高达12.5%，失业率则仅为5.4%。③

总体来说，"第三条道路"的变消极福利政策为积极福利政策的主张，旨在提高人的素质和责任感，增强国家竞争力，其改革理念还是值得推崇的，其改革的方向代表了福利国家改革的普遍趋

---

① 裴援平，柴尚金等. 当代社会民主主义与"第三条道路". 第一版. 北京：当代世界出版社，2004：299.

② 陈露. 法国社会党执政五年来的总结以及对未来十年的规划. 国外理论动态，2002，4：23.

③ 杨玲. "第三条道路"与福利国家改革. 长白学刊，2004（5）：23.

势，这种改革有助于保持社会的稳定和促进劳动力市场的发展。

5.2.2　西方福利制度发展轨迹的经验借鉴

西方国家的社会保障制度在建立与发展的过程中经历了多次调整与改革，积累了较多的成功经验和失败教训。虽然中国的社会经济发展水平、国情等与西方国家有很大差别，但西方国家的社会福利制度和劳动力市场改革所追求的不断扩大社会就业及实现经济与社会和谐发展的价值目标，与中国目前致力于构建和谐社会与实现科学发展的目标理念是一致的。而且中国目前在城市化、人口老龄化、就业方式转变等方面都与西方国家存在颇多相似之处。因此，西方国家在社会福利制度改革方面取得的经验与教训对中国的社会保障制度改革与完善具有重要的借鉴意义。

1）认清社会保障制度的性质和作用

西方国家社会保障制度的改革与发展历程表明，必须要重新认识社会保障制度的性质和作用。一方面，社会保障是社会发展和劳动力市场发展的稳定器。社会保障通过社会再分配来使社会成员基本生活得到保障，并调节市场经济运行过程中所产生的收入差距，防止贫富差距悬殊，为劳动力市场的运行和发展提供稳定的社会环境。另一方面，社会保障是市场经济和劳动力市场发展的推进器。社会保障制度不仅可以使企业在良好的社会环境中发展生产，提高企业的生产效率，促进经济的发展和劳动力需求，还可以促进劳动力的合理流动和劳动力资源的有效配置。此外，社会保障在提高劳动力供给质量、促进劳动关系优化、增加整个社会就业总量和提升劳动者就业质量等方面也有着积极的影响。总之，西方福利国家的社会保障制度发展与改革经验表明，社会政策和经济政策之间具有积极的相互作用，而且社会保障制度不再仅仅是再分配领域的问题，也是经济生产领域的问题，是培育人力资本、社会资本的有效途径。

2）社会保障制度的设计不得损害劳动力市场的良性运行和发展

纵观西方福利制度的发展历程，西方国家从早期的认为"提供社会最低收入保证只会引致贫困和失业，而不是根除它们，而且社会保护会引发道德沦丧、奢侈、懒惰和酗酒"，从而导致政府没有承担起相应的社会责任，忽略了社会成员享受社会保障的权利，到第二次世界大战后由国家对国民实施全方位的社会保护，但过度的保障不利于调动失业者再就业的积极性，再到20世纪70年代末期以来的改革，尤其是90年代以来针对社会保障制度自身缺陷和劳动力市场变化而推行"积极福利"，我们可以看出，社会福利和劳动力市场成为相互交织、相互依赖的关系。尤为重要的是，劳动力市场是整个社会保障制度的物质基础来源，因此社会福利制度的设计必须考虑其对劳动力市场产生的影响，不得损害劳动力市场的良性运行和发展。

3）重视社会保障对劳动力市场的积极作用，应注重对人力资本投资

劳动力市场不仅是整个社会保障制度的物质基础来源，也是一个国家经济发展的重要基础。因此，在设计社会保障制度时，不仅要保证社会保障制度的设计不得损害劳动力市场的良性运行和发展，而且要使得社会保障能为劳动力市场运作营造良好的社会环境并促进劳动力市场的良性运行和发展。

发达国家社会保障制度的发展经验表明，在全球化竞争条件下，劳动者在劳动力市场上所面临的最大风险就是缺乏知识和相关工作技能，而传统的只注重对风险进行"事后"弥补的社会福利制度不仅无法消除或缓解这些风险，且有可能造成社会成员过度地长期依赖社会保障金的现象，因此必须通过社会投资，特别是投资教育和培训来增强劳动者融入市场和社会的能力。近年来，各福利国家的社会保障制度改革措施虽然不尽相同，但改革的共同点都是开始强调社会保障对就业的积极作用，并日益重视社会保障在教育、就业培训等人力资本投资方面的支出。这种积极型的社会福利对劳动力供给、劳动力需求、劳动关系等方面都产生了积极影响，有利于劳动力市场的良性运行和发展。我国劳动力数量非常庞大，但劳动力素质普遍较低，这严重影响了我国经济的发展。因此，我国应吸取西方国家的积极社会福利经验。

4）明晰国家、社会和个人三者间的责权关系

"无责任即无权利"或者说"不承担责任就没有权利"是西方国家积极社会福利理论最鲜明的特征之一。这主要是因为，传统的社会福利是由国家承担着完全的责任，公民在享受社会福利的时候基本不承担任何责任，这不仅在相当程度上造成了道德风险、官僚主义、容易形成既得利益群体等问题，个人把享有国家和集体带来的好处看作是理所当然的，而承担义务和责任则是额外的和多余的，导致个人权利绝对化。而"积极福利理论"认为，责任是整个社会的基石，它是个人的，也是属于社会的。社会行动的目的不是要社会或国家的行为代替个人责任，而是通过改善社会来促进公民个人自我完善的实现。与此相对应，作为个人也要积极回报社会的关爱，为社会和他人承担义务，真正实现机会、权利共享与风险、义务共担。这一思想克服了传统福利国家模式在关注风险时忽视了公民自主性发挥的弊端，重点致力于个人对自己负责的精神和独立意识的培养，有利于充分发挥各社会组织和机构的作用，调动各方的积极性，使个人在整个社会福利体系中扮演更加重要的角色。①

总之，西方福利国家的发展经验表明，必须合理界定国家、社

---

① 财经亿科. 积极福利. http://search.10jqka.com.cn/yike/detail/auid/8d289e37e1e1695c.

会和个人三者间的责权关系。政府应发挥主导作用，但同时应注重调动社会各方面的积极性，形成一个国家、企业、个人彼此协调负责、积极互动、共同承担责任的社会保障机制，这不仅有助于减轻政府的负担和激发企业活力，也有助于增强个人的社会责任感和生存技能，以促使有劳动能力者尽快回归劳动力市场，防范过度依赖政府和社会的道德风险。

5）社会保障是必须的和适度的

在劳动力市场竞争过程中，总有一部分劳动者因自身或社会的原因在竞争中处于劣势地位，如果对从竞争中落败的人不予考虑就会带来社会的不稳定，因此社会保障是必须的。从解决就业的角度看，社会保障有利于为失业者提供再次就业的缓冲期，而且通过对失业人员进行再就业培训有助于提高劳动者的就业能力，促进失业人员尽快就业。虽然社会保障是必须的，但是社会保障也必须适度。社会保障供给不足导致社会成员在劳动力市场中遇到的各种风险无法化解，容易引发社会问题；而社会保障供给过度也会导致政府财政不堪重负，加重纳税人的负担，打击劳动积极性，产生福利依赖。

5.3　本章小结

通过历史分析我们可以看出，在人类社会的发展进程中，社会保障制度是伴随着社会经济的发展而不断发展的，是大规模就业的产物。对于工业化、城市化中出现的贫困问题，20世纪30年代大危机之前的早期社会保障基本都是以救济为主，而且是对缺乏劳动能力的人实施的；对于失业、贫困又有劳动能力的人起初主要是"惩罚"性政策，而后发展到"救济"。总之，这一时期的济贫制度开创了用国家立法推动社会保障事业的先河，但消极的救济制度却没有使有劳动能力的贫民自力更生、自食其力，反而有可能使他们沦为永久的贫民。

20世纪30年代至70年代是西方国家经济快速发展时期，也是各国社会福利制度高速发展时期。许多国家的社会福利制度覆盖范围逐步扩大，社会福利水平也得到较大提高。政府的福利性干预不仅有效地克服了市场的低效率，也使得贫富差距得以缩小，为劳动力市场的运行和发展提供了稳定的社会环境。但高福利也给劳动力市场带来许多不利影响，比如高福利产生了许多"福利依赖"者，影响了劳动者的工作积极性；高福利也意味着企业的缴费负担过重，进一步影响企业的劳动力需求量和企业的国际竞争力，导致失业人数增加等。因此，自20世纪70年代末期以来，西方许多国家纷纷采取增收节支的办法对福利制度进行改革，比如严格社会保障资格申请，缩短保障期限，降低社会保障水平，以工作代替福利，从而促使有劳动能力者积极地重返劳动力市场。这些改革措施虽然降低了政府的社会保障支出，也提高了有劳动能力的被救助者的工作积极性，但新自由主义简单地将劳动者抛向市场的做法也产生了很多弊端，导致社会当中许多有劳动能力者虽有工作，但依然过着较贫困的生活。而且，该时期的福利制度也忽视了其积极功能的发挥。

因此，自20世纪80年代以来，诸多学者开始重新审视社会政策在经济与社会发展过程中的作用并进行了相关研究，并认为，社会发展的根本目的是使得经济增长的成果被社会共享并全面提高人的素质。在此背景下，西方福利国家形成的一个共识是，需要建立一个积极的福利制度，调动社会各方面的积极性。因此，20世纪90年代以后，西方国家重新调整了其在社会福利中所扮演的角色，并开始将社会福利的重点放在人力资本投资上，强调对劳动力市场进行积极的干预，以提高劳动者的素质和个人能力，帮助他们重返劳动力市场，最终实现公平与效率同时兼顾。此时期，社会保障与劳动力市场的互动关系更加趋向成熟了。

尽管当前不同国家的社会保障制度与劳动力市场的互动模式有所不同，但是越来越多的国家已经意识到进行社会保障制度改革的实质是尽量促使社会保障的资助对象进入到劳动力市场，依靠劳动者自己的努力来摆脱贫困和度过各种风险。因此，这些社会保障政策实际上也具有劳动政策的性质。可以说，社会保障政策与劳动力市场政策已经相互交织在一起，两者正在形成相互依赖的关系。

总之，西方福利国家的社会保障制度的发展与改革经验表明：社会保障制度不再仅仅是再分配领域的问题，也是经济生产领域的问题，是培育人力资本和社会资本的有效途径；社会保障制度的设计不仅不得损害劳动力市场的良性运行和发展，而且要重视社会保障对劳动力市场的积极作用；而在具体社会保障制度设计时必须界定国家、社会和个人三者间的责权关系，形成一个国家、企业、个人彼此协调负责、积极互动、共同承担责任的社会保障机制；考虑到社会保障对劳动力市场的影响，社会保障制度是必须的，而且社会保障水平也必须适度。

6
=

劳动力视角下完善我国
社会保障制度的思路

6.1 劳动力市场视角下完善我国
社会保障制度的必要性

劳动力市场是整个社会主义市场体系的重要组成部分之一。劳动力市场的建立与发展不仅对转换政府职能、建立现代企业制度和促进经济增长具有重要意义，而且对社会保障制度的可持续发展提供了重要的物质保障。而社会保障制度对于劳动力市场的运转也起着关键的保障作用。我国目前的社会保障制度在设计时忽视了劳动力市场的作用与需求，导致其在实践中对劳动力市场产生了诸多不利影响，制约了我国劳动力市场的运行与发展。因此，必须从劳动力市场角度出发完善我国现行的社会保障制度。

6.1.1 完善的社会保障制度能够为劳动力市场的健康发展营造良好的社会环境

市场经济体制下是由市场进行生产要素的配置的。就劳动就业而言，就是开放劳动力市场，由劳动者在劳动力市场上对就业岗位进行公平竞争，劳动者可以按照自己的意愿和需求选择用人单位，而用人单位也可以按照自己的生产经营需要选择合适的劳动者，从而实现劳动力资源的合理配置。但是，由于每个劳动者的身体健康状况、所掌握的知识和技能等情况有所不同，故在市场竞争的过程中必然有一部分劳动者处于弱势地位，导致其生活陷入贫困状态。而当弱势群体的各种基本生活需要得不到及时满足或各种风险得不到及时化解时，就可能引发诸多如盗窃、抢劫、离婚等各种社会问题，影响社会稳定和经济发展。因此，市场经济体制下必须同时建立相应的社会保障制度，来为在市场竞争中失败的弱势群体提供帮助，不仅可以保障劳动者的生产再生产，而且可以起到缩小贫富差距、维护社会稳定的作用。所以社会保障制度的建立可以为劳动力市场的运行和发展创造稳定的社会环境。

6.1.2　完善的社会保障制度能够促进劳动力市场的有序运行

健全的、完善的社会保障制度能够优化劳动力市场上劳动力供给的质与量，调节劳动力供给结构和劳动力的供求关系，实现劳动力就业总量的增加和就业质量的提高；能够缓和劳资冲突、促进劳动关系和谐，进而提高劳动生产率；能够促进劳动力市场就业方式的多样化，提高就业总量；能够促进劳动力合理流动，优化劳动力资源配置，进而有助于一体化劳动力市场的建立。因此，完善的社会保障制度能够促进劳动力市场的有序运行。

6.1.3 完善的社会保障制度能对劳动力市场起积极的修正作用

不同国家或地区的劳动力市场在某一时期都会存在诸多问题，这些问题可以通过采取措施完善劳动力市场本身加以解决，针对劳动力市场上出现的某些问题，也可以通过社会保障政策的调整加以解决，甚至可以消弥劳动力市场的失灵。如针对劳动力市场中出现大量的劳动者因劳动技能偏低而造成的失业问题，可强调和发挥社会保障的人力资本投资功能，加强社会保障在职业指导、职业培训等方面的支出，以提高参保者的就业能力，增加其就业机会。

6.2 劳动力市场视角下完善我国社会保障制度的对策建议

6.2.1 劳动力市场视角下完善我国社会保障制度的总体思路

改革开放以后，针对我国劳动力市场发生的变化，社会保障制度设计虽然也做了一些调整，但主要是为国有企业改革服务的，没有重视对劳动力市场的服务与支持。特别需要指出的是，我国在对社会保障制度进行改革的过程中，对社会保障制度的经济功能认识不足或者可以说忽视了社会保障制度的经济功能，而且更多地看到的是西方社会保障制度对国家财政造成的压力与负担，即高福利的负面效应，没有深刻考察福利国家改革的市场内在机制性的深层次的综合背景。因此，加快社会保障制度的改革与完善，重新调整劳动力市场与社会保障的互动关系以实现两者的协调发展是当前我们改革面临的一个紧迫任务。我们在完善社会保障制度时不仅要借鉴西方国家的改革经验，还要遵循以下思路。

1）社会保障制度要以支持和满足社会成员的发展需要为出发点

我国的社会保障制度自建立以来一直偏重于注重发挥社会保障的收入保障功能及维持社会稳定等方面的功能，但面对我国劳动力市场具体发展态势的挑战及未富先老且老龄化速度快等国情的影响，再借鉴西方的经验，今后我们应该给社会保障制度重新定位，社会保障不仅要在社会成员陷入困境时给予物质帮助，更重要的是通过预防和积极干预等措施，强调和发挥社会保障的人力资本投资功能，提高参保者的就业能力，帮助他们增强适应经济和社会变化的能力。这样既降低了参保者失业和收入降低的风险，避免了因劳动力市场排斥而产生的社会排斥，也有利于社会保障的基金来源，促进社会保障的可持续发展，最终同时实现社会稳定和经济发展。

2）社会保障制度应有助于劳动力市场的良性运行和发展

无论是从前面的理论分析，还是通过对我国和国外的相关问题的实证分析，我们都可以看出，社会保障和劳动力市场之间的关系非常密切，劳动力市场作为社会保障的物质基础来源，对社会保障制度的可持续发展至关重要，而社会保障制度的完善又有利于劳动力市场的良性运行和发展。虽然我国的社会保障制度和劳动力市场制度经过多年的完善和发展，已取得诸多显著的成就，但是我国社会保障制度在运行过程中对劳动力市场产生了诸多的外部负效应，而且目前我国劳动力市场上呈现的诸多新特征也对某些社会保障制度设计提出了挑战。因此，我们在具体制定社会保障政策时不仅应考虑社会保障制度自身的需要，还应该考虑与之密切相关的劳动力市场政策，在兼顾两者的基础上推进社会保障制度的完善。

3）应从中长期发展战略角度入手制定社会保障政策

我国劳动力市场目前处于转型期，各种问题集中爆发。如果只专注于眼下众多问题的解决，出现问题解决问题，必将导致社会保障制度碎片化、多变性和不稳定性，这对劳动力市场和社会保障制度本身的运行和发展非常不利，因此今后在完善社会保障制度时不能仅考虑社会保障制度和劳动力市场的当前需求，局限于缺陷修补，缺一块补一块，还必须考虑两者的中长期发展需求。

6.2.2　劳动力市场视角下完善我国社会保障制度的具体对策建议

鉴于社会保障制度与劳动力市场之间的这种密切相关关系，我们在设计社会保障制度时应吸取发达国家的经验和教训，不仅应考虑社会保障制度自身的需要，而且要考虑劳动力市场的需求，以使社会保障制度在保障社会公平、保证劳动力市场的弹性、促进经济增长等方面做出贡献。为了使我国社会保障制度的运行与劳动力市场保持良性协调关系，适应劳动力市场的改革，我们必须采取措施，对现行社会保障制度存在的问题进行改革。

1）建立广泛覆盖、水平适度的社会保障制度

（1）不断扩展社会保障制度的覆盖范围，促成劳动力市场的统一。

社会保障制度的覆盖范围与经济和社会发展水平，以及国民就业的状态密切相关，其大小在相当程度上反映出一国社会保障总体状况，是社会保障的核心问题之一。社会保障制度覆盖范围的扩展，不仅有助于更好地实现社会保障的公平性，也有助于统一劳动力市场的建立，减少因社会保障分割而造成劳动力市场分割现象，促进劳动力资源在不同区域、部门、企业间的合理流动，提高劳动力资源配置的效率，还可改善劳资关系，促进社会和谐。

总体而言，社会保障制度的"广覆盖"应该包含以下两个方面的内容：一是社会保障制度应该覆盖所有社会成员。社会保障制度的覆盖范围不仅应包括城市社会成员，还应包括进城农民工、被征地农民和几亿农民，为适应我国劳动力市场发展和就业方式多元化的要求，应尽快将日益增多的灵活就业人员纳入到社会保障体系。要通过不断扩大社会保障覆盖范围，使越来越多的公民享有社会保障，增进全民福祉，并通过社会保障的人力资本投资等功能，提高社会成员的就业质量。二是社会保障各项目应该覆盖所有劳动者。对于每一个劳动者而言，在其一生中都有可能遇到工伤、医疗、生育、失业和养老等方面的风险，也都有可能因暂时的或永久性的风险而陷入贫困状态，因此对于基本风险保障项目要对所有劳动者实现"全覆盖"。尤其是随着我国城镇化进程的加快，农民工数量越来越多，而且越来越多的新生代农民工日益成长为劳动力，成为我国劳动力市场中的劳动者。新生代农民工相对老一代农民工而言，他们很多从少时开始即离开农村，"乡土认同感"并不高，但由于社会制度的影响和城市人对于农民工的排斥和歧视等，导致他们又无法真正融入到城市生活中。在这种背景下，必须完善农民工社会保障制度，减少农民工在城市生活会遇到的各种问题，使其享受市民待遇，以防止产生既无法在城市立足，又无法回到农村的悲惨境地。

（2）社会保障保障水平要适度，避免对就业产生不利影响。

从总体上讲，社会保障水平标准的确定，既要考虑同一国的当前的经济发展水平相适应，又要考虑社会保障的刚性特征，避免对将来的经济发展产生不利影响。社会保障水平过低无法保障当前的社会成员的基本生活需要，使得社会成员面临的各种风险无法化解。而社会保障水平过高不仅会加重企业缴费负担，加速资本对劳动力的替代，不利于一国就业总量的增加，也会不利于调动享受社会保障救助的劳动者和在职劳动者的工作积极性，产生道德风险。

我国目前经济发展水平还相对比较低，但同时又面临着人口老龄化速度快、就业压力大、贫困群体还比较多等诸多现实挑战，因此不能不切实际地追求社会保障的高水平、高标准。但过低的社会保障水平，又缺乏吸引力，影响社会成员的参保积极性。而且通过牺牲劳工利益和降低社会保障水平来提高所谓国际竞争力的做法，实际上是真正损害中国长远的国际竞争力的短视做法。因此，我国今后的社会保障水平必须尽可能实现"与经济发展水平相适应"，以便为劳动力市场发展和经济发展提供保障。

2）提高社会保障统筹层次，为劳动力流动和就业量的增加创造条件

社会保障统筹层次的提高不仅有助于防范风险化解风险，使社会保障在更大范围和更深程度上发挥社会稳定器的作用，而且能够提高社会保障的互助互济能力，最大程度地提高资金使用效率，从而有助于降低企业的社会保障缴费负担，促进就业总量的增加，此外社会保障统筹层次的提高也有助于促进劳动力流动，使得劳动力资源得到合理配置，促进经济发展。因此，应打破中国社会保障制度的区域分割，建立基本保障全国统筹的社会保障制度。

首先，应按照国务院的要求尽快实现基础养老金全国统筹和个人账户养老金属地化管理相结合的基金统筹模式。实行基础养老金全国统筹是指将目前用人单位为职工缴纳的养老保险费，以及各地历年滚存结余的统筹基金余额和中央财政补助资金等统一纳入到全国的基础养老保险基金，统筹调剂使用。个人账户养老金实际上完全是由劳动者个人缴费形成的，本质上是一种强制储蓄制度，采取完全积累制，基金归个人所有，不具有互助共济的功能，但应允许随职工个人在全国范围内自由转移，该部分基金建议实行属地化管理。

其次，也应尽快提高医疗保险项目的统筹层次。医疗保险项目与老百姓的切身利益密切相关。目前我国医疗保险制度存在诸多问题，如看病难、看病贵等问题一直备受老百姓关注，即使是经过了 2009 年至今的新医改，这些问题仍没有得到切实解决。在老百姓普遍反映看病难、看病贵的同时，各地的医疗保险基金却存在着大量的基金结余。根据财政部公布的《2016 年全国社会保险基金决算说明》数据显示，2016 年末我国城镇职工基本医疗保险基金滚存结余 12736 亿元，城乡居民基本医疗保险基金年末滚存结余 3330 亿元。

医疗保险基金的筹资原则应遵循"以收定支、收支平衡、略有节余"，即医保资金不应该有过多结余。如果结余量较高，不仅不能使效率最大化，反而容易被挪用，滋生风险。而对于医保资金的结余，我国人社部指导意见的标准是 6～9 个月的平均支付水平，超过 15 个月平均支付水平为结余过多。例如，目前安徽省医保基金结余额也存在偏高问题。以安徽省城镇职工医疗保险基金为例，近几年来基金累计结余可支付月数一直保持在 16 个月左右。

之所以存在着老百姓反映看病贵，但医疗保险又存在大量基金结余的现象，究其原因，既与医疗保险保障程度偏低、报销范围偏窄、待遇发放限制较多有关，也有转移接续困难、医疗费用异地结算存在障碍的原因。尤其是随着我国城镇化进程的加快和市场经济的深入发展，越来越多的农村剩余劳动力进入城市务工，城镇劳动力在各个地区之间的流动也日益频繁，加之还有相当数量长期随子女异地生活的退休人员，这使得异地就医现象日益增多，因此异地就医问题亟待解决。而医疗保险的统筹层次也必须尽快提高，要在全国范围内加快推进医疗保险地市级统筹，加强管理制度、标准规范、统计指标等基础工作，为提高统筹层次创造良好条件，在此基础上根据医疗卫生体制改革进展，参照养老保险提高统筹层次的实施情况，适时研究推进全国统筹的政策措施。

最后，应尽快提高失业保险的统筹层次。随着劳动力市场的逐步发展，劳动力流动日益频繁，异地求职就业将成为常态。但目前我国失业保险较低的统筹层次已经难以适应对劳动力流动就业管理和服务的需要，也不符合建立全国统一劳动力市场的目标。因此，失业保险也应该以全国统筹为目标，积极推动提高统筹层次。[①]

3）避免社会保障制度碎片化，努力实现基本社会保障制度一体化

我国的社会保障制度自建立以来，一直是对不同人群实施不同的社会保障制度，社会保障制度呈现碎片化，这不仅导致不同人群之间待遇存在差别影响了社会公平，也严重制约了劳动力的流动和统一劳动力市场的形成。因此，今后在完善社会保障制度时必须综合性地考虑城市和农村及其转移劳动力的社会保障问题，逐步将各项制度进行整合，努力实现基本社会保障制度一体化。本书认为，应根据当前我国实际情况，在确定城乡居民最基础的底线需求的基础上确定其最不可或缺的基础性社会保障制度，如基本养老保障制度、大病统筹基本医疗保障制度和最低生活保障制度。

（1）完善城乡居民基本养老保障制度。

2014 年我国虽出台政策将城镇居民基本养老保险制度和新型农村基本养老保险制度合二为一，统一称为城乡居民基本养老保险制度，在解决制度碎片化方面取得了很大成就，但仍存在进一步需要解决的问题，即统筹层次偏低导致制度的碎片化仍较严重。从各地的实施过程来看，绝大部分省市在实施城乡居民基本养老保险制度时实施的是县级统筹，而我国 2000 多个县级统筹单位，制度的碎片

---

① 全国人大财经委关于提高社会保险统筹层次的研究总报告 . http：//www. npc. gov. cn/npc/ztxw/tctjcxsbtxjs/2014 - 05/19/content_1863609. htm.

化非常明显。本书认为应该根据我国城市化进程的需要，将城乡居民基本养老保险制度统筹层次提高到全国统筹，且按照"基础养老金＋个人账户"的模式，建立城乡居民社会养老保障制度，其中基础养老金由政府财政全额出资建立，水平划一，用于保障老年人的基本生活需要，而劳动年龄段内的居民参保缴纳的社会养老保障费全部进入其个人账户。

（2）加快城乡居民社会医疗保障制度整合。

我国现行的社会医疗保障体系是由城镇职工基本医疗保险制度、城镇居民基本医疗保险制度、新型农村合作医疗制度和医疗救助制度组成的。医疗保障制度的碎片化不仅不利于管理，也不利于社会成员身份转变的需求，有可能会抑制劳动力流动。因此，今后应将城乡居民社会医疗保障制度进行整合。由于2007年开始实施的城镇居民基本医疗保险制度和2003年开始试点实施的新型农村合作医疗制度设计机理相似，都是采取个人与政府缴费相结合的多方缴费机制，是政府组织实施、个人自愿参加的一项医保制度安排，因此应首先考虑将新型农村合作医疗制度与城镇居民基本医疗保险制度整合为城乡居民基本医疗保险制度。虽然2016年1月国家相关部门出台了《关于整合城乡居民基本医疗保险制度的意见》，但各地在试点实施过程中，不仅进度不一，而且制度整合之后管理部门也不同，从各地试点实施情况来看，整合后的城乡居民基本医疗保险制度有的交由卫生部门来进行管理，有的交由人力资源和社会保障部门来进行管理。制度的管理部门的碎片化问题仍没有得到切实解决。因此，今后应统一城乡居民基本医疗保险制度的管理部门。鉴于目前城镇职工基本医疗保险制度由人力资源和社会保障部门进行管理，为降低管理成本和利于制度的整合，建议应将城乡居民基本医疗保险制度的管理部门统一交由人力资源和社会保障部门。此外，我国目前虽将城镇居民基本医疗保险制度和新型农村合作医疗制度统一成为了城乡居民基本医疗保险制度，但城乡居民基本医疗保险制度和城镇职工基本医疗保险制度两者之间还缺乏衔接和整合的通道，建议在目前整合的城乡居民基本医疗保险制度的基础上再逐步将城乡居民基本医疗保险制度和城镇职工基本医疗保险制度整合，最终形成全体社会成员均参加统一的社会医疗保险制度，再辅之以医疗救助的"全民医疗保险＋医疗救助"模式。

（3）不断完善城乡最低生活保障制度。

最低生活保障制度是社会保障制度最后一道安全网，因而在基础性社会保障制度中，它处于特别重要的位置。因此我国今后应消除只重视社会保险制度，忽视社会救助制度的观念。应加大最低生活保障制度的完善，尤其是农村最低生活保障制度的完善，切实做到保障全体人员的最低基本生活需求，真正实现"应保尽保""不应保不保"，并逐步缩小城乡最低生活保障水平间的差距。

4）明确社会保障各责任主体，合理确定各方社会保障缴费负担

责任不明确不仅将影响各方主体承担社会保障责任的主动性，不利于社会保障制度的推广，也可能导致某一方的社会保障缴费负担加重，进一步对劳动力市场产生不利影响。因此，分清责任是我国社会保障制度改革和促进就业的关键一步。

首先，必须分清各主体的责任。社会保障制度设计首先面临的一个基本问题就是确定社会保障责任主体。家庭自古以来就是福利责任的主要承担者，但是随着家庭结构日益小型化，以及工业化、信息化的深入发展，家庭的保障功能越来越弱，因此现代社会除了需要家庭福利以外还需要社会化的福利。社会保障作为一种准公共物品，政府具有不可推卸的责任。除直接提供福利产品外，政府的福利责任更多的应表现在创造就业机会、制定社会保障政策、加强社会保障监管等方面。而在市场经济体制下，大多数劳动者应该是通过在劳动力市场就业获得收入来满足自己及其家庭的各种福利需求的，劳动者个人不仅应通过学习、参加各种技能培训等不断提高自身技能以适应劳动力市场需求，也应按规定参加社会保险。此外，企业作为市场的另外一个主要主体也需要在为其职工缴纳一定的社会保险费等方面承担一定的社会保障责任。因此，社会保障的责任应在个人、企业、政府间共同承担。

其次，在确定多元主体承担福利责任的基础上，我们还必须做到分清历史责任与现实责任。我国社会保障制度由于制度转轨的原因产生了大量的"隐性债务"。对于这一问题，政府不仅应负担起这部分历史成本，而且应随着我国经济的发展制定稳定的拨款机制，对财政收入增量确定一个固定比率用于社会保障。这对减轻企业和劳动力的包袱，促进就业总量的增加和劳动力的有效流动有着重要的作用。

最后，妥善处理中央政府与地方政府、上下级政府之间和各级政府在社会保障方面的责任。这就要求中央财政在社会保障资金的拨付上应尽量向贫困地区倾斜，避免陷入越是贫困的地区企业和劳动者个人缴费负担越重，劳动力需求总量越不会增加的恶性循环之中。

5）强化社会保障各主要项目与就业的关联性

从实现社会保障与劳动力市场协同发展角度而言，社会保障各项目的完善除了要不断扩大覆盖范围、提高统筹层次、合理确定保障水平和缴费水平外，还要在以下方面有所改善。

（1）养老保险项目的完善对策。

首先，加快机关事业单位社会养老保险制度的改革。基本社会养老保险制度的统一不仅有助于实现社会保障的公平和公正性，也有助于促进劳动力的流动，实现劳动力资源的合理配置，从而促进经济发展。目前机关事业单位养老保险制度虽然已与城镇职工基本养老保险制度进行并轨，但从目前的制度设计来看主要是制度的并轨而待遇水平并未实现并轨，这就无法实现促进劳动力合理流动的目的。因此，今后我国应进一步改革机关事业单位养老保险制度，朝着"国民年金＋个人账户"的养老保障模式转变，逐步实现全体工薪劳动者的社会养老保险制度统一。

其次，推行积极老龄化思维方式。传统观念一直是将老龄化视为消极的衰老过程，把老年人仅仅视为是养老金的接受者。但实际上老年人也可以被视为是一种资源。推行积极老龄化思维方式，赋予老年人二次就业机会，不仅有利于满足老年人的自身养老需求，尤其是精神慰藉方面的需求，而且也有利于满足我国在未来的人口老龄化高峰时期经济发展对劳动力数量的需求。当然，在目前我国劳动力市场劳动力供给大于劳动力需求的现状下，很多年龄较大的中老年人在就业时经常面临就业歧视或者"碰壁"等问题。因此，本书建议，为了促进中老年人就业，一是国家应该尽快出台《反就业歧视法》，避免用人单位对劳动者实施年龄等歧视，或者要求公共场所中一些简单重复性的工作，如清洁工、保洁员等，应优先录取老人；二是政府购买公益岗位，年龄相对较大的劳动者在劳动力市场竞争时确实处于不利地位，因此，政府应通过购买公益岗位的方式，安排一些年龄较大、失业时间长的中老年劳动力就业；三是国家可对雇主和劳动者出台一系列鼓励措施，首先可以通过税收等政策对雇主实施激励，以鼓励雇主雇用和挽留更多的老年人。例如，在荷兰，如果雇主新雇用了年龄超过 55 岁的劳动者，将免除他们支付伤残保险税；在西班牙，对于那些与年龄超过 60 岁的老年人签订永久合同的雇主，将减免其 50% 或更多的社会安全税。其次可以对老年劳动者本人实施激励，这主要靠增加养老金给付。例如，法国为那些工作到 65 岁或 65 岁以上的老年人增加了 40% 的养老金；瑞典是欧盟国家中对 61 岁后每多工作一年的老年人增加养老金最多的国家，当工作到 70 岁退休时，养老金就会增加 52%；荷兰则对老年就业者提供税收信用。

最后，在适当提高退休年龄的基础上建议推行弹性化的退休制度。我国目前人口平均寿命较建国时相比已经增加了近 30 岁，但退休制度基本是沿用建国初期所制定的退休规定，导致目前退休年龄偏低。而且随着经济的发展和医疗水平的不断提升，人口平均预期寿命会更长，再加上未来人口老龄化将可能导致劳动力相对短缺，以及社会保障基金的收支越来越不平衡等因素，因此我们可以在目前法定退休年龄的基础上适当提高劳动者的退休年龄。而鉴于我国地域辽阔、经济社会和人口态势发展相当不平衡的基本国情，本书不赞成推行"一刀切"的退休年龄，因为鉴于部分劳动者在年龄达到 60 岁左右的时候身体状况已不适应劳动力市场需求，如果采取"一刀切"的退休年龄的话，会导致这部分人陷入既不够资格领取养老保险金，又无法在劳动力市场就业领取到工资的"两不靠"的悲惨状况。因此，本书建议我们应实行弹性退休政策，即在最低退休年龄（如 60 岁）的基础上允许老年人根据自身条件、单位需要、劳动力市场供求状况等确定自己退出劳动力市场的年龄。为激励劳动者延迟退休、增加劳动力供给，可通过制度设计将劳动者的工作年限与其养老金待遇相挂钩，使权利和义务统一，公平与效率相结合。总之，实行弹性退休政策，不仅更有助于适合老年人的身心健康要求，也有助于更加充分的发挥智力劳动者的潜力，而且可以使得劳动者根据劳动力市场上的劳动力供求状况决定是否继续提供劳动力供给，有助于劳动力供求实现弹性变化。

（2）医疗保险项目的完善对策。

医疗保险制度是社会保障制度的重要组成部分。医疗保险制度改革不仅关系到诸多劳动者的切身利益，而且与就业工作关系也密切相关。一方面，实施医疗保险有利于保障劳动者的身心健康，提高劳动者的身体素质，为劳动力市场提供合格的劳动者。同时，通过医疗保险制度的医疗保健等服务，可以有效预防疾病，防止职业病的发生，从而有利于保证企业生产和再生产。此外，医疗和保健服务，尤其是老年护理和保健服务等可以直接提供大量的就业机会。从另一方面看，随着就业压力的日渐增加，人们越来越需要关注身心健康，远离疾病，也就越需要医疗保险。

首先，建立健康保险和疾病保险并重的医疗保险政策。国外很多国家都将医疗保险由原来的"以疾病为中心"转向了"以健康为中心"，将疾病的早期预防和早期诊断均纳入了医疗保险范畴。如英国与古巴都建立了三级医疗服务体系，预防保健是英国家庭医师最主要的任务之一；古巴则由综合诊所负责在社区内开展各种预防保健活动；日本卫生管理则通过在每个市町村设立的健康保健中心来达到预防为主，防治结合的目的。[①] 而我国目前实施的是以治病为中心的医疗保险模式，主要是对参保人员在其患病后给予一定的事后经济补偿。这种医疗保险模式抑制了个人进行疾病早期预防早期诊断的积极性。因此，建议我国医疗保险政策今后应兼具疾病保险和健康保险的功能，逐步将"健康体检、预防保健、健康咨询"等项目列入医疗保险门诊结付范围，这不仅可以使疾病得到早检查、早发现、早治疗，有助于从源头上节约医疗保险基金，也有助于保障劳动者的身心健康，杜绝劳动力的早衰。

其次，加强健康教育与疾病预防教育。人的身体健康状况与其所掌握的健康知识、生活习惯等存在一定的相关性。而许多人，尤其是许多农村人对健康知识了解甚少，甚至根本没有。因此，应倡导各级医疗机构定期开展义诊、咨询活动、医疗保健知识专题讲座等，增加社会成员的健康保健和健康检查知识，做到"早检查、早

---

① 陈晓晨. 论国外预防保健服务对我国医疗卫生体制改革的启示. 辽宁经济，2007，9：69.

发现、早治疗"，防患于未然。

　　总之，在医疗保障制度方面我国应转变目前的消极保障观，从仅注重社会成员的疾病治疗的被动保障观向同时注重疾病治疗和疾病预防，增加个人安全感的积极保障观转变，以便为劳动力市场提供身体素质更高的劳动者。

　　（3）失业保险项目的完善对策。

　　失业者失业后不仅意味着失业保险基金缴费来源的减少，同时因为需向失业者发放失业保险金而导致失业保险基金支出增加，不利于失业保险基金的平衡，而且失业者失业后因为其生活来源的减少而影响其消费，从而不利于经济的发展，失业者失业期越长这种不利影响越大。因此，必须强化失业保险的促进就业及预防失业的功能。

　　首先，扩大失业保险覆盖范围。从我国目前的劳动力市场状况来看，越来越多的初次就业人员、灵活就业人员成为失业群体中的主要构成人员，而这部分人群从未工作过或仅从事过临时性工作，几乎都没有缴纳过失业保险费，因此无法获得现行针对正规就业人员设计的失业保险制度的帮助，尤其是职业介绍、职业培训等方面的帮助，这不仅会导致这部分人群的就业质量不高，生产效率低下，易陷入低技能、低收入的"贫困陷阱"，而且也会影响其他劳动者对灵活就业方式的选择，减少了其就业机会，增加了社会上失业人员的数量。因此，今后我国应扩大失业保险覆盖范围，将城镇诸多灵活就业人员、短期内难以实现就业的毕业生和农民工等群体纳入保障范畴，以便帮助他们尽快就业和再就业。而将该部分群体纳入失业保险制度的最大问题之一就是如何界定其是否处于"失业"状态，以避免部分灵活就业人员在从事隐性就业的同时领取失业保险金。在这方面，我们可借鉴德国的失业保险制度的做法，将失业保险金的领取与接受职业培训相挂钩以甄别失业与否。

　　其次，将失业保险制度向促进就业保障机制转化。国外的社会保障制度发展经验表明，失业保险制度不仅能够保障劳动者在失业后的基本生活需要，而且也具有预防劳动者失业和促进失业人员再就业的功能。失业保险制度不仅可以通过提供资金援助为失业者赢得求职的缓冲，还可以通过职业培训、职业介绍等措施，提高失业者在劳动力市场的竞争能力，帮助其重新走上工作岗位，从而为劳动力市场的运行和发展提供可靠的劳动力供给。而我国的失业保险制度长期以来一直偏重于对失业人员在其失业后给予其生活保障，所以在领取失业保险金的资格认定、给付期限、给付标准等方面规定得比较详细，而忽视了在预防失业、促进失业者再就业等方面发挥作用。因此，为强化失业保险就业保障功能，必须进行相关改革。

　　一是确定恰当的失业救济期限和发放办法。过长的失业救济期限可能降低失业者寻找工作的积极性，延长其等待就业的时间，而失业时间越长其劳动技能可能会越不适应劳动力市场的需求，因而越不利于其再次就业。因此，一方面，针对我国失业保险给付期较长的规定，我们可借鉴国际做法，适当缩短失业保险金的领取期限；另一方面，为鼓励失业人员尽快再就业，对在失业保险金领取期限结束前实现再就业的失业人员，可将其尚未领取的失业保险金一次性发给其本人，而对有可行性创业计划的失业者，可以考虑从其失业保险金中拿出一部分作为其创业基金。

　　二是改革我国现行的失业保险金的支出结构。针对目前我国劳动力市场的特点，尤其是结构性失业比较突出和灵活就业人员日益增多等方面的特点，应改变传统的、简单的过度注重保障劳动者在其失业后基本生活需求的做法，加大失业保险制度在职业指导、职业培训、职业介绍等方面的支出力度。针对许多失业人员受教育程度低、劳动技能低、就业能力比较差，政府相关机构和工会组织应提供资金、师资等方面的支持，积极开展对此类人员的培训，以提高其就业能力。另外，应利用计算机网络建立遍布全国的就业咨询、就业培训和岗位需求信息，为失业者提供及时、准确的就业信息和就业服务，帮助其尽快实现再就业。

三是建立抑制解雇的制度，发挥失业保险制度预防失业的功能。劳动者失业后不仅会增加政府失业保险金的支出水平，也会对劳动者本人及其家庭造成经济和心理方面的伤害。因此，应尽可能地避免不必要的失业。借鉴国外的做法，我国也可以考虑修改失业保险制度以预防不必要的失业。一是禁止用人单位和雇主非法解雇劳动者，并限制随意解雇行为的发生。二是同一统筹地区企业的缴费水平采取差别费率制，可借鉴美国的"经验费率制"，对经常随意解雇劳动者，尤其是大规模地随意解雇劳动者的用人单位可适当地提高其失业保险的缴费率。三是对招聘并留用长期失业者、年龄较大或者身体有残疾的等在就业方面有困难的劳动者的用人单位和雇主，在其生产经营不景气时，可以从失业保险基金中拿出一部分对这些企业予以一定数额的补贴，以帮助这些企业尽可能在不采取裁员的情况下渡过难关。

（4）最低生活保障制度的完善对策。

对弱势群体的社会救助固然重要，但帮助他们尽快就业才是摆脱困境的唯一出路。而且随着我国的经济发展和对社会保障事业的日益重视，我国的低保金水平必将进一步提高，为避免因低保待遇水平升高而产生的劳动积极性降低的所谓的福利依赖现象，低保制度的设计必须与就业紧密结合起来。

第一，建立"两类"低保政策体制，引导或强制受助者自救。我国目前的最低生活保障制度的发放标准采取的是差额补助的方式，即低保对象在就业后收入增加多少，救助金就相应减少多少，因此在就业后工资收入水平不高的情况下会大大挫伤低保对象就业的积极性。虽然目前不少城市采取了"救助渐退"的政策，但由于时限太短（许多城市不超过三个月），在实践中也并没有起到太大的激励效果。此外，随着劳动力市场就业方式的多元化，在低保资格审查中对收入进行核实的难度日益增加，各种形式的弄虚作假、隐瞒收入等问题也越来越严重。因此，我们应改革目前低保制度"一刀切"的做法，可借鉴美国和韩国等国家的经验，建立两类有区别的低保制度，一类是面向老年人、残疾人、孤儿等不在劳动年龄段或者丧失劳动能力的人群。对这部分人员在享受低保金时没有工作方面的附加要求，同时还应当进一步提高低保金水平。另一类是面向劳动年龄段并且有劳动能力的人群，对于他们在享受低保金时要有一定的工作方面的附加要求（包括社区服务性工作、接受职业培训等），以及领取社会救助的期限等。

第二，弱化最低生活保障制度与其他福利救助政策间的"硬关联"。最低生活保障制度应只是对社会成员的生活进行"保底"的一项制度。对社会成员在生活中所面临的其他风险和困难，应该通过其他的社会救助制度来满足。而我国目前其他如住房、医疗、水、电、煤气等方面的救助待遇的发放大多直接是瞄准低保对象的，这导致低保制度的"含金量"大大提高，这不仅导致有劳动能力的低保对象对低保制度的依赖性增强，也打击了诸多低保边缘户和"贫困就业家庭"的就业积极性。因此，应弱化最低生活保障制度与其他福利救助政策间的"硬关联"，对医疗、教育和住房等方面的救助发放资格应该不限于收入审查，还应同时更多地考虑低收入群体的实际需要，实行按需给付，以避免使低保制度成为一种包罗万象的综合性救助制度。

第三，实行低保制度与劳动力市场有机结合，帮助低保对象就业。外部的扶贫投入，如果只限于生活救济、缓解贫困者的生存危机，那么当贫困者消费完扶贫资源后，他们又将回到最初的贫困状态，扶贫过程也将陷入到贫困—扶贫—返贫的循环反复的怪圈。所以，外部扶贫资源的输入，只有在解决贫困者基本生活困难的同时，提高他们的自我发展能力，才能使扶贫资源起到治贫治"本"的作用，使外部扶贫助力转化为贫困者自我脱贫的持续动力，达到扶贫资源利用效率的最大化。因此，国家在实施救助时，应注意将低保救助与就业扶持相结合，在保障低保对象基本生活的同时，为低技能劳动者就业创造更好的条件，使就业政策与低保救助政策协调起来。在现实城市扶贫中，民政部门不仅应积极配合劳动部门加强对低保对象再就业的培训，同时也要注意改进培训方式与培训内容，使之真正切合低保对象的就业需要。而且对有劳动能力低保对象的保障待遇在支付方式上尽量避免直接的现金支付。各社区可以积极发展社区服务和公共服务，为有劳动能力的低保对象提供临时性就业岗位，将救助金转化为推动其工作的劳动津贴。① 总之，为避免"劳动者贫困"阶层现象的出现，促进社会整合，社会救助制度不仅应考虑贫困者的生存问题，也应考虑其发展问题。而积极参与劳动力市场，避免劳动力市场排斥是实现劳动者发展的最有效途径之一。因此，应将职业指导、就业培训等劳动政策方面的相关内容与低保制度相结合，加强对有劳动能力的低保对象的工作培训与人力资本开发，促使他们及早返回劳动力市场进行就业。

第四，引入"资产建设"理念，推行发展型社会救助政策。从本质上看，与目前的"以收入为本型"的社会救助政策相比，发展型社会救助政策能通过对个人能力的社会投资，达到促进劳动力市场有效运转的目的，从而一方面减低国家的社会保障支出，另一方面增加社会总产出。美国学者迈克尔·谢若登（Michael Sherraden，1991）在《资产与穷人》（*Assets and the Poor*）一书中首次创立"以资产为本"的社会保障理念。以资产为本是指通过为低收入者

---

① 姜丽美. 城市低保制度次生问题研究. 城市问题，2009（10）：92.

积累资产并用于投资促进其自身发展及社会经济发展。迈克尔·谢若登认为:"如果家庭想要长久地改善其生活条件,就必须在教育、住房、产业等方面进行投资和积累。"对于为穷人设立的个人发展账户,在用于指定的发展目标时,迈克尔·谢若登主张政府给予资金匹配,该做法是具有革命性意义的。首先,这种制度鼓励人们积极的工作,因为要向账户中存款,你就必须得努力赚钱;其次,改变了以往救助方式的被动性,以在使用时政府给予匹配的激励机制,将未雨绸缪的主动权首先交给了个人;最后,这种制度放弃了要使穷人的所有收入和资产消耗殆尽才给予救助的基本理念,而以要求他们按计划存款的经济手段来鼓励他们自立、自助。可见,资产建设就是政府有组织地引导和帮助社会成员,尤其是穷人进行资产积累与投资,而非简单地直接增加其收入与消费的一种以资产为本的社会政策理念。以资产为本的社会保障理念符合我国传统文化导向,强调发挥低收入者自身所拥有的资源、能力和技术优势,树立信心,符合我国的实际情况,具有很大的应用空间。①

第五,增加低保对象的社会资本。社会资本在抵制返贫困中具有不可忽视的作用,其本质上是一种支持性的关系,它可以减少人们达到目的的成本。如果人们具有较多的社会资本,那么他就可能获得较多的社会支持,获取相对更多的好处。对于寻求保障的贫困者而言,社会资本可以转化为他所需要的帮助,减少他获取资源的成本,这样他就相当于得到了某种程度的保障。也就是说,社会资本对于缺乏资源的贫困者而言具有一定的社会保障功能。贫困者可能因为其社会资本而在缓解贫困中得到帮助,提升自身的社会资本水平是贫困者提高自己的保障程度的重要途径。从这种意义上来说,社会资本的社会保障功能具有明显的自助性质。但在现实中,

<hr />

① 姜丽美. 城市低保制度次生问题研究. 城市问题, 2009 (10): 92-93.

城市贫困者的社会资本却呈下降趋势。面对这一矛盾，社会资本的生产性理论给我们以启发：可以通过外力作用来提升贫困者的社会资本，从而提高他们的自助能力。因此，今后可以发挥政府、社区和民间组织三个方面的作用，在社会资本发挥保障功能的空间上，主要是非正式支持网络和自然支持网络的涵盖领域，其中包括家庭、家族、亲戚朋友、社区共同体中包含的支持关系，以及同非营利机构建立的信任和支持关系所涉及的领域，来提升有劳动能力的低保对象的社会资本。

最后，制定与完善有关社会救助的法律法规，强化低保对象的权利与义务。为避免有劳动能力者长期主动依赖低保金的现象，我国还应制定与完善有关社会救助的法律法规，通过法律规定低保福利享受者的权利与义务，加大对弄虚作假行为的惩处力度，促使他们寻找工作或参加必要的再就业培训。

（5）加强教育福利。

我国劳动力市场上的劳动者整体素质较低，导致经济发展受到制约。而教育是提升人力资本含量的最有效方式之一。因此，国家应加大在教育方面的财政投入力度，减轻社会成员的教育负担，引导家庭对教育进行积极投资。此外也应注重教育资源的分配公平，应使教育资源适当向农村和贫困地区倾斜，对农民及贫困家庭应采取特殊政策或者采取政府助学制，以促进社会成员在教育方面的人力资本投资，强化教育福利投资在提高劳动力素质方面的作用。此外，针对我国劳动力市场劳动者技能偏低等现状，我国今后也应适当加大在职业教育方面的财政投入，鼓励社会成员进行职业技能等方面的人力资本投资。

6）优化社会保障管理以适应劳动力流动频繁和就业方式多元化

首先，加强社会保障管理服务的完全社会化。社会保障的社会化管理服务，是指社会保险经办机构和社会服务机构对参加社会保险的单位和个人，提供从社会保险登记、申报、缴费，到个人账户的管理、查询、结算，以及社会保险待遇的发放和对人员的管理等一系列管理和服务工作。其主要内容是：社会保障事务由社会保险经办机构和其他社会服务机构管理；养老、失业、工伤、生育保险待遇由社会保险经办机构或其委托的银行、邮局等机构发放，医疗保险待遇由社会保险经办机构与定点医疗机构等单位结算；社会保障对象中的退休人员等由社区组织统一管理。① 实施社会保障管理服务社会化是社会保障体系社会化的重要内容。实施社会化意味着实施系统存在着大量的人员需求，因此可发挥和扩大社会福利及公共服务部门吸纳劳动力就业的巨大作用，缓解严峻的就业形势。

其次，加强社会保障信息化管理，提高劳动者社会保险关系转移的便携度。灵活就业已成为目前我国劳动力市场日益重要的就业方式之一，灵活就业人员的社会保险关系如何接续、个人账户可否在多个用人单位名下实行基数加载等问题均对现行社会保障制度的适应性与有效性提出一定挑战。此外，随着我国城市化进程的加快及户籍制度的改革，劳动力在城乡之间，不同部门、地区、行业之间的流动日益加快，如何保障劳动力在流动时其社会保险关系能够实现有效衔接也是亟待解决的问题。因此，应加快社会保障信息服务网络建设的步伐，逐步实现社会保障信息全国联网，使劳动者的各项社会保障信息能够在全国范围内查看，同时建立全国统一的社会保障个人账户，使劳动者可以根据其就业经历灵活缴费、累计计算缴费年限。这既能促使保险关系有效地接续，有利于劳动力的流动，又有利于激励劳动者的缴费积极性。

7）加强社会保障自身法制建设并协调其与劳动方面的法律关系

首先，应不断完善社会保障法制自身的建设。社会保障作为一

---

① 社会保障社会化管理服务的概念 . http://finance. ce. cn/info/insurance/200606/19/t20060619_7416749. shtml.

项通过国家立法强制实施的社会制度，必须有完善的法律法规来作保证。目前我国在社会保障立法方面虽取得了很大进展，但仍存在着立法层次不高、制度不完善等方面的问题。目前《社会保险法》虽已出台，但仍然存在诸多不完善的地方，因此今后不仅要采取措施不断完善《社会保险法》，还应注重其落实、执行。此外，还应加紧《社会救助法》《社会福利法》等法律的出台并不断提高各项法律的立法层次。

其次，应注重社会保障法与劳动方面的法律法规的协调。目前我国已出台诸如《劳动法》《劳动合同法》《工会法》等有关劳动方面的法律法规，以此来规范劳动力市场，并为社会保障制度的顺利运行创造了条件。但社会保障制度与劳动力市场间的密切关系不仅要求制定社会保障方面的法律法规和劳动方面的法律法规，同时也要保证两方面的法律能够相互配套，相互弥补，以共同为劳动者架构起法律保护网，使劳动者的劳动方面的权益和社会保障方面的权益得到切实的保障。

6.3　本 章 小 结

本章认为，劳动力市场作为社会保障制度赖以运行和发展的经济基础，其能否实现良性运行和发展对社会保障制度的可持续发展起着至关重要的作用。因此，我们在设计社会保障制度时不仅应考虑社会保障制度自身的需求，而且也要综合考虑劳动力市场的需求，以使社会保障制度在保障社会公平、保证劳动力市场的弹性、促进经济增长方面做出贡献。针对目前我国社会保障制度和劳动力市场之间的关系在实践中暴露出的问题，我国在完善社会保障制度时除了要吸取发达国家的经验和教训外，还要遵循以下思路：一是应从中长期发展战略角度入手制定社会保障政策，这就要求在进行或完善社会保障制度建立时必须具有前瞻性和远见性，综合考虑与社会保障制度密切相关的各项制度或政策，而不能在社会保障制度出现问题时局限于局部的修补，缺一块补一块，以免造成社会保障制度的多变性和不稳定性；二是社会保障政策的制定要以支持和满足社会成员的发展需要为出发点，即我们应该给社会保障制度重新定位，社会保障在保持传统的收入保障功能的同时，更重要的是通过预防和早期干预等措施，发挥社会保障的人力资本投资功能，以提高参保者的就业能力，增加其就业机会，满足社会成员发展的需要。最后为了使我国社会保障制度的运行与劳动力市场保持良性协调关系，适应劳动力市场的改革，本章从劳动力市场角度提出了完善我国社会保障制度的具体对策建议。

7

结　　语

7.1　主要研究结论

通过前面几章的分析与论述，我们得到以下主要研究结论：

7.1.1　社会保障与劳动力市场关系十分密切，二者是一个不可分割的有机整体

无论是从各学派对社会保障与劳动力市场两者间关系的研究来看，还是本书通过运用劳动经济学相关模型来对社会保障与劳动力市场两者间关系的研究来看，抑或是通过国外社会保障制度的整个发展历程来看，均说明社会保障与劳动力市场之间的关系非常密切。通过理论分析，我们可以看出，在市场经济下，社会保障和劳动力市场作为现代社会的两个基本问题，两者之间的关系是相互联系、相互影响甚至是相互制约的。社会保障对劳动力供给（包括劳动力供给数量、供给质量和供给结构）、劳动力需求、劳动关系、劳动力流动、就业方式的转变、就业总量等方面产生重要的影响，

而劳动力市场的劳动力资源数量、劳动力资源质量、劳动力资源结构、劳动就业、劳动关系等也对社会保障制度产生重要影响。因此，可以说社会保障与劳动力市场是一个不可分割的有机整体。

综合起来看，社会保障与劳动力市场之间的关系表现在：

一方面，社会保障对于劳动力市场是必不可少的。首先，劳动者在劳动力市场上所面临的失业、疾病、伤残等各种风险都可以看作是劳动力市场的风险，而社会保障可以为社会成员在面临这些风险时提供基本的生活保障，使劳动者在劳动期间免除了后顾之忧，保证了劳动者的生产和再生产。可以说，社会保障制度是社会的"减震器"，是劳动力市场的"润滑剂"。其次，健全的社会保障制度能够在调节劳动力市场供求关系、有效配置劳动力资源、促进劳动力合理流动和促进就业、实现劳动关系和谐和促进劳动力市场的统一等方面做出积极的贡献。最后，社会保障对劳动力市场起积极的调节作用，针对劳动力市场上出现的某些问题，也可以通过社会保障政策的调整加以解决。如社会保障在保持收入保障功能的同时，可强调和发挥社会保障的人力资本投资功能，解决劳动力市场上大量劳动者因劳动技能偏低而造成的失业，以提高参保者的就业能力，增加其就业机会。

另一方面，劳动力市场通过劳动力创造的收入以费或者税的形式对社会保障提供物质支持。雇主与劳动者所缴纳的社会保障费或税是现代社会保障制度最重要的资金来源，而这种缴费是建立在劳动者就业的基础之上的，因此劳动就业是社会保障的物质基础。而且劳动就业对社会保障基金收支来说，也是增收减支的最有效的途径之一，无论对个人还是对家庭而言，就业都是避免贫困和消除对社会保障资金依赖的可靠途径。因而劳动力市场的完善、就业的促进将有力于社会保障制度的建设与可持续发展，从而形成社会保障制度与劳动力市场的良性循环。反之，将形成二者的恶性循环。

　　总之，概括起来讲，劳动力市场与社会保障之间的关系是比较复杂的，而并非是简单的单向关系或双向关系，其机理是：工业化过程中劳动力市场的形成与发展等因素要求社会必须建立社会保障制度，社会保障制度建立后又会对劳动力市场产生影响，引发劳动力市场发生变化，而劳动力市场发生变化后又进一步作用于社会保障制度引起社会保障制度进一步发生变化。

7.1.2　社会保障制度的设计与完善必须综合考虑社会保障和劳动力市场的需要

　　通过理论分析，我们可以清楚地看到社会保障制度与劳动力市场之间的关系非常密切，因此不能孤立地看待社会保障制度的改革。而且通过对国外社会保障制度的历史考察我们也可以认识到，财政危机只是 20 世纪 70 年代末期西方社会保障制度改革的表面原因，其深层次原因是劳动力市场的困境和危机。因此，在设计社会保障制度时，不应当将社会保障政策与劳动力市场政策对立起来或割裂开来，而是必须在深入理解二者相关关系的基础上，寻求实现两大政策体系相互配合和相互协调的有效机制。这不仅有利于社会保障制度的健全与发展，而且有利于劳动力市场的发展和就业的增长，从而推动一国经济的发展和社会的稳定。而这一点也正是我国社会保障制度在完善时必须注意的问题。

　　我国的社会保障制度经过 30 年来的改革与发展，虽然已取得了很大的成绩，但是在进行社会保障制度设计时往往只考虑了社会保障制度本身的需要，忽略了其对其他社会政策的影响，尤其是对劳动力市场政策的影响，主要表现在：现行社会保障制度的"碎片化"及统筹层次严重影响了劳动力流动；现行社会保障的覆盖面偏窄影响了劳动者的就业选择和劳动质量的提高；社保待遇间的较大差距也影响了劳动者的就业选择和就业总量的增加；过高的社会保障缴费率影响了劳动力需求总量的增加和劳动关系的和谐；社会保障的权利与义务不对称影响了劳动力的市场供给；不完善的社会保障会影响就业方式的多样化发展；社会保障忽视预防功能和人力资本开发、投资功能；社会保障法制不健全影响了劳动关系的和谐等。

另外，我国社会保障制度在设计和完善的过程中忽视了我国劳动力市场在建设与发展过程中所呈现的诸多特点及其发展趋势，如劳动力总量供大于求、结构性失业严重；劳动力供给整体素质水平偏低；人口老龄化导致劳动力供给变化；劳动力流动频繁；劳动力市场就业市场化和就业方式多元化；劳动力市场存在多元分割；劳动关系矛盾突出；初次收入分配差距过大等对现行社会保障设计提出的诸多挑战。

因此，本书认为，我国的社会保障与劳动力市场目前处于较为割裂的状态，没有实现良性互动，必须对目前的社会保障制度进行改革。在完善社会保障制度时不仅需要关注社会保障制度对劳动力市场产生的影响，也要关注劳动力市场的现状与发展态势在构建社会保障中的作用，以避免最终出现劳动力市场和社会保障制度的双重危机，而这也构成了本书研究的主要内容。

7.1.3　我国社会保障制度的完善还需借鉴西方福利国家的相关经验

虽然我国目前的经济社会发展水平、具体国情与西方福利国家还有很大的差距，但西方国家福利经济改革和劳动力市场创新所追求的不断扩大社会就业及经济发展与社会和谐相统一的价值目标，与我国今天致力于构建和谐社会与实现科学发展的目标理念是一致的。而且我国目前在城市化、人口老龄化、就业方式转变等方面都与西方国家存在颇多相似之处。再加上随着我国经济的发展和对社会保障事业的重视，社会保障水平必将进一步提高，社会保障覆盖面也必将进一步扩大，因此我们必须吸取西方国家的社会福利制度在其发展周期中所取得的经验与教训，尤其是需要借鉴其在20世纪70年代末期以来所进行的针对劳动力市场变化所进行的积极福利制度的改革经验，以避免对劳动力市场产生负面影响，最终影响社会保障制度自身的可持续发展。

总之，我国目前的现状一方面是劳动力市场就业压力大，就业质量不高，另一方面是社会保障制度尤其是养老保障制度面临着严峻的基金缺口压力，威胁着社会保障制度的可持续发展。导致这种局面的原因，既有劳动力市场与社会保障制度之外的环境原因，也有两大政策之间相互替代和相互分割脱节的原因。因此，只有促进两者的良性互动，才能突破我国就业与社会保障制度低水平相互制约的状况。

7.2　不足之处及进一步研究的方向

社会保障制度的完善对于维护社会稳定、促进经济发展具有重要的作用。传统的发展理论和实践中只是将社会保障制度视为进行社会再分配的工具，但自20世纪90年代以来，诸多研究学家开始意识到不应仅将社会保障支出看作是一种社会支出，而应看作是一种社会投资，即社会保障不仅具有再分配的功能，也具有社会投资的功能。因此，有关社会保障与经济发展之间的关系开始成为社会保障领域的一大研究重点。而劳动力市场是整个社会保障制度的经济基础，因此研究社会保障和劳动力市场之间的关系至关重要。

本书不仅运用了劳动经济学等相关学科的理论模型，从理论角

度系统分析了社会保障制度对劳动力市场的影响和劳动力市场对社
会保障制度产生的影响，而且还实证分析了我国目前社会保障制度
对劳动力市场产生的不利影响，以及我国目前劳动力市场的特征及
其发展态势对社会保障制度设计提出的挑战，并从劳动力市场角度
考察了西方福利制度的发展轨迹并归纳总结出相关经验，在此基础
上提出了从劳动力市场角度完善我国社会保障制度的相关建议，但
限于笔者学识、能力和水平等方面的局限，本书仍存在以下不足
之处：

首先，影响社会保障政策运行的力量和因素有很多，但本书只
着重考虑劳动力市场对社会保障的影响并在此基础上提出完善相关
社会保障政策的建议，没有将其他政策或影响因素也纳入进行系统
考虑。

其次，本书对劳动力市场与社会保障两者之间关系的研究虽较
系统性，但仍很难深入研究两者之间的互动机制。

最后，本书只是宏观地对两者之间的关系进行分析，但我国不
同省市、地区之间的劳动力市场和社会保障运行状况差异很大。因
数据限制，本书不打算对不同省市、地区的社会保障和劳动力市场
状况之间的关系进行深入分析。这些都有待今后进一步进行研究。

参 考 文 献

［1］阿瑟·奥肯. 平等与效率——重大的抉择. 第一版. 王奔洲等译. 北京：华夏出版社，1987.

［2］安东尼·哈尔，詹姆斯·梅志里. 发展型社会政策. 第一版. 北京：社会科学文献出版社，2006.

［3］安东尼·吉登斯（Anthony Giddens）. 第三条道路——社会民主主义的复兴. 第一版. 北京：北京大学出版社，2000.

［4］鲍震宇. 社会保障制度的完善与就业促进. 经济论坛，2008，23：49－51.

［5］贝弗里奇著. 贝弗里奇报告：社会保险和相关服务. 第一版. 社会保障研究所译. 北京：中国劳动社会保障出版社，2008.

［6］贝克尔. 家庭经济学与宏观行为（上）. 赵思新译. 现代外国哲学社会科学文摘，1994，12：18－21.

［7］蔡昉. 中国劳动力市场转型与发育. 第一版. 北京：商务印书馆，2005.

［8］蔡小慎，张舒. 城镇灵活就业人员社会保障的缺失与对策分析. 改革与战略，2008，8：20－22.

［9］曹艳春. 城市"低保"对象就业决策分析. 经济论坛，2005，24：51－52.

［10］常洪钧，潘莉. 社会保障与我国劳动力市场分割. 现代

乡镇，2005，8：22 - 25.

[11] 车翼，王元月，马驰骋. 养老金影响退休者再就业决策的 Logistic 经验研究. 管理评论，2006，12：44 - 49.

[12] 陈长民. 改善社会保障环境　促进人力资本开发. 统计与决策，2005，7：128 - 130.

[13] 陈朝先. 人口与社会保障研究. 第一版. 成都：西南财经大学出版社，1998.

[14] 陈锋，李文中. 社会保险关系转移衔接困难探析. 开发研究，2008，5：133 - 136.

[15] 陈红霞. 大学毕业生失业保障机制的选择. 长春工业大学学报（高教研究版），2009，4：52 - 54.

[16] 陈静，罗柳妮. 论失业保险促进就业功能的发挥——从人的社会化理论视角探析. 法制与社会，2008，11：218 - 219.

[17] 陈雷，江海霞. 英国"第三条道路"实践与中国社会保障改革——兼论政府、市场、社会"三位一体"社会保障构想. 劳动保障世界，2009，1：65 - 67.

[18] 陈宁. 农村社会保障制度与农民工就业的关系. 农村经济，2008，11：80 - 82.

[19] 陈银娥. 社会福利. 第一版. 北京：中国人大出版社，2004.

[20] 陈正. 我国农村人力资本投资与社会保障研究. 经济纵横，2007，4：55 - 57.

[21] 成文. 正确处理就业与社会保障的关系. 劳动保障通讯，2002，3：29 - 30.

[22] 慈勤英，王卓琪. 失业者的再就业选择——最低生活保障制度的微观分析. 社会学研究，2006，3：135 - 149.

[23] 丛树海. 社会保障经济理论. 第一版. 上海：上海三联书

店，1996.

[24] 达尔默·D·霍斯金斯（Dalmer D. Hoskins） 编. 21 世纪初的社会保障. 第一版. 侯宝琴译. 北京：中国劳动社会保障出版社，2004.

[25] 丁建定. 社会福利思想. 第一版. 武汉：华中科技大学出版社，2005.

[26] 丁煜. 基于正规与非正规就业划分的"新二元"社会保险体系设计. 中国行政管理，2008，5：110－114.

[27] 段婕. 我国社会保障制度的经济系统研究 ［博士学位论文］. 西安：西北工业大学图书馆，2008.

[28] 段小林. 我国低保制度中福利依赖问题分析与目标定位策略. 今日南国（理论创新版），2008，5：12－21.

[29] 樊贵莲. 我国劳动关系与社会保障制度协调问题探析. 山西科技，2008，1：67－68.

[30] 范仲文，黄萍. 论社会保障与劳动就业的关系. 中共成都市委党校学报，2007，3：43－45.

[31] 封进. 人口转变、社会保障与经济发展. 第一版. 上海：上海人民出版社，2005.

[32] 弗兰茨·克萨韦尔·考夫曼. 社会福利国家面临的挑战. 第一版. 王学东译. 北京：商务印书馆，2004.

[33] 龚莉. 跨世纪难题：就业与社会保障. 第一版. 昆明：云南人民出版社，2000.

[34] 顾俊礼，田德文主编. 福利国家论析：以欧洲为背景的比较研究. 第一版. 北京：经济管理出版社，2002.

[35] 郭继严，王永锡. 2001—2020 年中国就业战略研究. 第一版. 北京：经济管理出版社，2001.

[36] 国际社会保障协会编. 重新就业——关于"丧失劳动能

力和重新就业"问题的跨国比较研究. 第一版. 徐凡译. 北京: 中国劳动社会保障出版社, 2004.

[37] 何凡. 从后福利主义发展观看就业优先策略. 经济体制改革, 2005, 2: 21 - 24.

[38] 洪大用. 试论中国城市低保制度实践的延伸效果及其演进方向. 社会, 2005, 3: 50 - 69.

[39] 华迎放. 社会保障要适应就业格局变化. 宏观经济研究, 2003, 7: 30 - 33.

[40] 黄丙志. 城乡劳动力市场与社会保障互动: 条件、机制与效应研究 [博士学位论文]. 上海: 上海社会科学院图书馆, 2007.

[41] 黄丙志. 发达国家社会保障定位的变迁——与城乡劳动力市场互动的视角. 理论与改革, 2010, 2: 78 - 81.

[42] 黄敬宝. 社会保障发展不均衡对大学生就业的影响. 劳动保障世界, 2008, 1: 97 - 99.

[43] 吉尔伯特. 社会福利政策导论. 第一版. 黄晨熹译. 上海: 华东理工大学出版社, 2003.

[44] 卡特琳·米尔丝. 社会保障经济学. 第一版. 郑秉文译. 北京: 法律出版社, 2003.

[45] 康旺霖, 游桂云. 社会保障对就业总量及结构的影响. 固原师专学报 (自然科学), 2006, 11: 66 - 68.

[46] 赖德胜, 田永坡. 社会保障与人力资本投资. 中国人口科学, 2004, 2: 13 - 21.

[47] 劳科所专题研究小组. 保生活 促就业 防失业 失业保险制度改革方向. 中国劳动, 2008, 4: 6 - 12.

[48] 李斌. 关注民生: 中国社会保障制度模式及运行. 第一版. 北京: 中国劳动社会保障出版社, 2005.

［49］李春根，赖志杰．论统筹城乡就业的社会保障政策．广西社会科学，2008，10：63 - 66.

［50］李海平，陈贵业．城镇二元养老保险制度对劳动就业的消极影响及对策．广西大学学报（哲学社会科学版），2006，11：70 - 71.

［51］李海平．论中国现行养老保险制度对就业的影响［硕士学位论文］．南宁：广西大学图书馆，2007.

［52］李锦管．城市低保制度与贫困者的"福利依赖"．社会工作下半月（理论），2008，2：24 - 27.

［53］李亚伯．中国劳动力市场发育论纲．第一版．长沙：湖南人民出版社，2007.

［54］李莹．当前社会保障制度与劳动力就业关系研究．山东经济，2006，6：16 - 19.

［55］李珍．社会保障理论．第一版．北京：中国劳动社会保障出版社，2001.

［56］林闻钢．社会政策——全球本地化视角的研究．第一版．北京：中国劳动社会保障出版社，2007.

［57］林治芬．社会保障政策与就业联动的实证分析．财贸经济，2005，6：55 - 60.

［58］刘继同，冯喜良．劳动市场与社会福利．第一版．北京：中国劳动社会保障出版社，2007.

［59］刘晶．就业与社会保障互动关系研究［博士学位论文］．上海：复旦大学图书馆，2004.

［60］刘俊霞．人力资本投资、就业促进与社会保障．中南财经政法大学学报，2008，3：28 - 32.

［61］刘士军．从"局部性民工荒"看农民工的就业和社会保障问题．北京市计划劳动管理干部学院学报，2006，4：16 - 18.

[62] 刘霞. 浅议劳动就业与社会保障的统一性. 胜利油田党校学报, 2005, 4: 40 - 41.

[63] 刘晓玲, 常红军. 社会保障制度与我国劳动力市场. 湖南工程学院学报 (社会科学版), 2006, 3: 21 - 24.

[64] 刘晓英. 我国农民工城镇就业问题研究 [硕士学位论文]. 郑州: 郑州大学图书馆, 2005.

[65] 刘焱白. 论稳定劳动关系的社会保障制度的构建. 时代经贸, 2008, 2: 36 - 37.

[66] 刘媛媛. 人力资本与社会保障. 理论界, 2005, 6: 50 - 51.

[67] 罗卓渊. 中国就业与社会保障两者关系演变研究 [硕士学位论文]. 北京: 首都经济贸易大学图书馆, 2008.

[68] 马培生. 劳动经济学. 第一版. 北京: 中国劳动社会保障出版社, 2006.

[69] 马睿宏. 山西劳动就业与社会保障协调发展问题研究 [硕士学位论文]. 太原: 山西财经大学图书馆, 2009.

[70] 马睿宏. 论劳动就业与社会保障协调发展的重要意义. 科技创新导报, 2009, 10: 177.

[71] 米什拉 (Mishra, R). 社会政策与福利政策——全球化的视角. 第一版. 郑秉文译. 北京: 中国劳动社会保障出版社, 2007.

[72] 娜仁图雅. 论就业与养老保险的关系及互动机制的政策. 内蒙古财经学院学报, 2004, 2: 103 - 106.

[73] 尼尔·吉尔伯特 (Neil Gilbert). 社会福利的目标定位. 第一版. 郑秉文译. 北京: 中国劳动社会保障出版社, 2004.

[74] 尼古拉斯·巴尔 (Zicholas Barr). 福利国家经济学. 第一版. 郑秉文, 穆怀中译. 北京: 中国劳动社会保障出版社, 2004.

[75] 聂志坚. 双重劳动力市场条件下社会保障制度的发展.

西部财会，2007，2：64 – 67.

[76] 潘莉. 社会保障的经济分析. 第一版. 北京：经济管理出版社，2006.

[77] 裴越，沈毅. 供求平衡中的劳动就业与社会保障. 经济研究导刊，2009，27：102 – 104.

[78] 彭宅文，丁怡. 最低生活保障制度与就业促进：问题与政策调整方向. 中国劳动，2009，1：25 – 29.

[79] 彭宅文. 我国的社会保险制度与促进就业：历程与问题. 中国劳动，2008，8：11 – 15.

[80] 齐心. 低保未就业人员求职意愿及影响因素研究. 城市问题，2007，7：71 – 75.

[81] 齐秀华. 国企下岗职工劳动关系和社会保险关系相协调的难点分析. 工业技术经济，2009，6：40 – 41.

[82] 沈琴琴，杨伟国. 全球视野下的劳动力市场政策. 第一版. 北京：中国劳动社会保障出版社，2008.

[83] 孙艳. 就业与社会保障协调机制的构建. 淮北煤炭师范学院学报：哲学社会科学版，2005，2：74 – 76.

[84] 唐钧. 城市低保制度、可持续生计与资产建设. 商洛师范专科学校学报，2005，3：2 – 6.

[85] 唐钧. 社会政策：国际经验与国内实践. 第一版. 北京：华夏出版社，2001.

[86] 田奇恒，孟传慧. 城市低保社会福利受助者“就业意愿”与社会救助研究. 人口与经济，2008，1：37 – 42.

[87] 田永坡，和川，于月芳. 人口老龄化、社会保障与人力资本投资. 财经问题研究，2008，2：98 – 103.

[88] 童星. 社会转型与社会保障——社会保障与社会政策研究. 第一版. 北京：中国劳动社会保障出版社，2007.

［89］万明国．社会保障的市场跨越．第一版．北京：社会科学文献出版社，2005.

［90］赵蔚．失业保险预防失业和促进就业功能问题研究．山西财经大学，2015.

［91］王洪春主编．社会保障学．第一版．合肥：合肥工业大学出版社，2009.

［92］王叶菲．关于完善我国失业保险制度促进就业功能的思考．南京工程学院学报，2008，6：23 - 26.

［93］王玥娟．农民工的就业与社会保险政策的关系研究——以劳动力市场分割理论为分析视角．西北人口，2006，4：45 - 51.

［94］王卓祺，雅伦·获加．西方社会政策概念转变及对中国福利制度发展的启示．社会学研究，1998，5：44 - 50.

［95］王左艳．构建和谐社会背景下的就业保障制度．山西社会主义学院学报，2009，3：49 - 51.

［96］文太林．从福利到工作：中国失业保险制度的理性选择．沈阳大学学报，2007，2：33 - 36.

［97］吴小立．从社会保障对农民人力资本的影响谈农村社会保障机制的构建．乡镇经济，2006，4：18 - 20.

［98］吴艳玲．就业与社会保障的互动关系研究——以黑龙江省为例．经济研究导刊，2008，3：108 - 111.

［99］伍先斌．就业与医疗保险制度改革．经济论坛，2004，17：12 - 13.

［100］夏建中．从制度设计上促进福利接受者再就业——对我国城市低保相关制度的反思与建议．唯实，2007，6：73 - 78.

［101］肖巍，钱箭星．"第三条道路"政治哲学的一个标本——关于"社会投资国家"．当代世界社会主义问题，2008，2：71 - 80.

［102］肖严华．中国社会保障制度的多重分割及对人口流动的影响．江淮论坛，2007，5：66－74．

［103］熊跃根．如何从比较的视野来认识社会福利与福利体制．社会保障研究，2008，1：81－96．

［104］徐道稳．迈向发展型社会政策——中国社会政策转型研究．第一版．北京：中国社会科学出版社，2008．

［105］徐建．政策范式的演变及政策启示——对中国社会政策成长的一个考察．理论界，2008，9：27－28．

［106］徐悦、李志明．从失业补偿到就业促进：发展型社会政策视角下中国失业保险制度的改革与发展．社会保障研究，2011，3：44－48．

［107］许光．欧洲福利国家改革对我国的启示．经济纵横，2007，1：43－44．

［108］慈勤英，兰剑．"福利"与"反福利依赖"——基于城市低保群体的失业与再就业行为分析．武汉大学学报（哲学社会科学版），2015（4）111－119．

［109］杨天宇．从劳动力市场看社会保障对经济发展的影响．今日南国，2009，6：100－101．

［110］伊兰伯格，史密斯著．现代劳动经济学：理论与公共政策．第八版．刘昕译．北京：中国人民大学出版社，2007．

［111］易石宏．从金融风暴视角论失业保险新模式构建的制度转型．攀登，2009，4：66－69．

［112］易守宽．灵活就业与社会保险：难点与对策．云南财贸学院学报，2004，1：96－98．

［113］原媛．以社会保障促进农民工就业——基于"第三条道路"福利观的思考．现代经济信息，2009，6：76－77．

［114］曾令秋．论社会保险与劳动就业．西南民族大学学报

（哲学社会科学版），2001，7：57 – 59.

　　[115] 张崇源. 浅谈21世纪劳动就业与社会保障的关系. 电子商务，2009，10：89 – 91.

　　[116] 张盈华，杜跃平. 社会保障与人力资本积累研究综述. 经济学家，2008，5：61 – 67.

　　[117] 张抗私. 就业问题：理论与实际研究. 第一版. 北京：社会科学文献出版社，2007.

　　[118] 蒲艳萍、周子浊. 我国社会保障支出与就业关系分析——基于省际面板数据模型. 中国集体经济，2015（16）：164 – 165.

　　[119] 张伟兵. 发展型社会政策理论与实践——西方社会福利思想的重大转型及其对中国社会政策的启示. 世界经济与政治论坛，2007，1：88 – 95.

　　[120] 张秀兰，徐月宾，方黎明. 改革开放30年：在应急中建立的中国社会保障制度. 北京师范大学学报（社会科学版），2009，2：120 – 128.

　　[121] 张秀兰，徐月宾，梅志里. 中国发展型社会政策论纲. 第一版. 北京：中国劳动社会保障出版社，2007.

　　[122] 张旭升，吴中宇. 社会保障与"4050"人员再就业观念——以杭州市为例. 人口与发展，2008，2：69 – 75.

　　[123] 章彬，高向东. 城市低保与就业问题的经济分析. 江淮论坛，2007，3：54 – 57.

　　[124] 赵骅，龙树发. 社会福利博弈模型成立的条件分析. 重庆大学学报（自然科学版），2006，10：139 – 142.

　　[125] 赵建国. 如何构建适应灵活就业的社会保险制度. 时代经贸，2008，4：26 – 27.

　　[126] 赵淑兰. 低保救助实践中的负激励效应研究. 理论界，2007，12：177 – 179.

［127］赵志华，邱享林．灵活就业人员社会保障问题研究．中南财经政法大学研究生学报，2006，1：95 – 98．

［128］马双、孟宪芮、甘犁．养老保险企业缴费对员工工资、就业的影响分析．经济学，2014（11）：969 – 999．

［129］郑纯，凌辉剑．大学生就业与社会保障制度关系的探讨．就业与创业，2007，5：52 – 53．

［130］郑功成．劳动就业与社会保障：中国基本民生问题的政策协调与协同推进．中国劳动，2008，8：6 – 10．

［131］郑功成．社会保障学．第一版．北京：中国劳动社会保障出版社，2006．

［132］郑功成主笔．中国社会保障改革与发展战略——理念、目标与行动方案．第一版．北京：人民出版社，2008．

［133］郑新娟．我国社会保障制度存在的不公平与就业联动分析．南阳师范学院学报（社会科学版），2006，10：42 – 44．

［134］郑婷．养懒与怠惰：城市低保福利依赖问题探析．西南大学，2014．

［135］周良才．从文化失调理论看低保福利依赖的产生原因及解决途径．生产力研究，2007，17：52 – 54．

［136］朱忠祥．我国社会保障和就业互动中存在的问题及对策分析．商场现代化，2007，4：364 – 365．

［137］张娟娟．社会保障对就业选择行为的影响机制研究．山东大学，2012．

［138］张太宇，张桂文．农民工社会保障的劳动力市场需求效应研究．中国劳动，2015．

［139］Abio, G., Mathieu, G., & Patxot, C. On the optimality of PAYG pension systems. in an endogenous fertility setting. Journal of Pension Finance, 2004, 1: 35 – 62.

［140］ Alan L. Gustman, Olivia S. Mitchell, Thomas L. Stein-meier. The Role of Pensions in the Labor Market: A Survey of The Literature. National Bureau of Economic Research Working Papers, 1994, 4: 417 – 438.

［141］ Alan L. Gustman, Thomas L. Steinmeier. An Analysis of Pension Benefit Formulas, Pension Wealth and Incentives from Pensions. National Bureau of Economic Research Working Papers, 1989, 3: 53 – 106.

［142］ Alessandro Cigno. How to Avoid a Pension Crisis: A Question of Intelligent System Design. CESifo Economic Studies, 2010, 1: 21 – 37.

［143］ Alessandro Cigno. Intergenerational transfers without altruism: Family, market and state. European Journal of Political Economy, 1993, 4: 505 – 518.

［144］ Allen, Steven G. , Clark, Robert L. and McDermott, Ann A. Pensions, Bonding, and Lifetime Jobs. Journal of Human Resources, 1993, 3: 463 – 481.

［145］ Anthony J. Pellechio. Social Security Financing and Retirement Behavior. The American Economic Review, 1979, 2: 284 – 287.

［146］ Becker, Gary S & Murphy, Kevin M. A Theory of Rational Addiction. Journal of Political Economy, University of Chicago Press, 1988, 4: 675 – 700.

［147］ Bodie, Zvi. Pensions as Retirement Income Insurance. Journal of Economic Literature, 1990, 1: 28 – 49.

［148］ Cigno A, Casolaro L, Rosati FC. The Impact of Social Security on Saving and Fertility in Germany. Finanz Archiv, 2003, 2: 189 – 211.

[149] David E. Wildasin. Factor mobility and fiscal policy in the EU: policy issues and analytical approaches. CESifo Working Paper Series, 2000, 31: 337 – 378.

[150] Dr. Zhikai Wang. Restructuring China's Social Security Net in a Market – based Economy. China and World Economy, 2004, 1: 1 – 23.

[151] Ehrlich, Isaac and Francis T. Lui. Social Security, the Family, and Economic Growth. Economic Inquiry, 1998, 3: 390 – 409.

[152] Ehrlich, I. and Jian – Guo Zhong. Social Security and the Real Economy: An Inquiry into Some Neglected Issues. The American Economic Review, 1998, 2: 151 – 57.

[153] Ellen Ernst Kossek, Melissa Huber – Yoder, Domini Castellino et al. The working poor: Locked out of careers and the organizational mainstream? The Academy of Management Executive, 1997, 1: 76 – 92.

[154] Entwisle, B. and C. R. Winegarden. Fertility and Pension Programs in LDCs: A Model of Mutual Reinforcement. Economic Development and Cultural Change, 1984, 2: 331 – 54.

[155] Fenge, R., & Meier, V. Pensions and fertility incentives. The Canadian Journal of Economics, 2005, 1: 28 – 48.

[156] Friedlander, S., and M. Silver. A quantitative study of the determinants of fertility behavior. Population Association of America, 1967, 1: 30 – 70.

[157] Gary Burtless. Social Security, Unanticipated Benefit Increases, and the Timing of Retirement. Review of Economic Studies, 1986, 5: 781 – 805.

[158] Hohm, C. F, Fred J. Galloway, Carl G. Hanson, and Dan-

iel A. Biner. A reappraisal of the social security-fertility hypothesis: A bi-directional approach. The Social Science Journal, 1984, 2: 149 – 168.

[159] Ippolito Richard. Towards Explaining Earlier Retirement after 1970. Industrial and Labor Relations Review, 1990, 5: 556 – 569.

[160] Jonathan Gruber and David Wise. Social Security and Retire-ment: An International Comparison. The American Economic Review, 1998, 2: 158 – 163.

[161] Jonahd. levy. Vice into Virtue? Progressive Politics and Wel-fare Reform in Continental Europe. http://pas.sagepub.com.

[162] Keith Puttick. Empowering the Incapacitated Worker? The Employment and Support Allowance and Pathways to Work. Industrial Law Journal, 2007, 3: 88 – 395.

[163] Kelly, W. R. , P. Outright and D. Hittle. Comment on Charles F. Hohm's "Social security and fertility: An international perspec-tive" Population Association of America, 1976, 4: 581 – 586.

[164] Kemnitz Alexander, Wigger Berthold. Growth and social se-curity: the role of human capital. European Journal of Political Economy, 2000, 4: 673 – 683.

[165] Kruegera, and J. pischke. The Effect of Social Security on Labor Supply: A Cohort Analysis of the Notch Generation. Journal of La-bor Economics, 1992, 4: 412 – 437.

[166] Leibenstein, H. Aspects of the X – efficiency theory of the firm. The Bell Journal of Economics, 1975, 2: 580 – 606.

[167] Martin Barbie, Marcus Hagedorn & Ashok Kaul. Fostering Within – Family Human Capital Investment: An Intergenerational Insur-ance Perspective of Social Security. Finanz Archiv, 2006, 4: 503 – 529.

[168] Martin Feldstein. Social Security, Induced Retirement, and Aggregate Capital Accumulation. The Journal of Political Economy, 1974, 5: 905 –926.

[169] Micheland Pestieau. Population growth and optimality——When does serendipity hold? Journal of Population Economics, 1993, 4: 353 –362.

[170] Morten I. Lau & Panu Poutvaara. Social Security Incentives, Human Capital Investment and Mobility of Labor. Journal of Public Economics, 2006, 7: 1299 –1325.

[171] Quinn, Joseph F. Microeconomic Determinants of Early Retirement: A Cross –Sectional View of White Married Men. The Journal of Human Resources, 1977, 3: 329 –346.

[172] Richard W. Johnson. The Impact of Human Capital Investments on Pension Benefits. Journal of Labor Economics, 1996, 3: 520 –554.

[173] Rodrigo A. Cerda. On social security financial crisis. Journal of Population Economics, 2005, 3: 509 –517.

[174] Samuel H. Beer. Welfare Reform: Revolution or Retrenchment? Publics, 1998, 3: 9 –15.

[175] Sinn H Werner. Why a funded pension system is useful and why it is not useful. http: //www. nber. org/papers/w7592.

[176] Stewart, M. B. & Swaffield, J. K. Constraints on the Desired Hours of Work of British Men. The Warwick Economics Research Paper Series, 1996, 441: 520 –535.

[177] van Groezen, B. , Leers, T. , & Meijdam, Lex. Social security and endogenous fertility: pensions and child allowances as Siamese twins. Journal of Public Economics, 2003, 2: 233 –251.

[178] Vincenzo Calasso, Roberta Catti, Paola Profeta. Investing

for the old age: pensions, children and savings. International Tax and Public Finance, 2009, 4: 538 – 559.

[179] Zhang, J. and J. Zhang. How does Social Security Affect Economic Growth? Evidence from Cross – Country Data. Journal of Population Economics, 2004, 3: 473 – 500.